遠離一切顛倒夢想究竟涅槃三世諸佛依般若波羅
蜜多故得阿耨多羅三藐三菩提故知般若波羅蜜多
是大神呪是大明呪是無上呪是無等等呪能除一切苦
[illegible]虚故説般若波羅蜜多呪即説呪曰
[illegible]諦波羅羯諦波羅僧羯諦菩提薩婆訶
[illegible]經

えてこでもわかる

笑い飯哲夫訳

般《はん》若《にゃ》心《しん》経《ぎょう》

ヨシモトブックス

写真　本宮誠
ブックデザイン　戸塚泰雄（nu）

本書を手に取っていただき
ありがとうございます。

少し長くなりますが、
皆様にご挨拶させていただきます。

どうも、般若心経を写経するのが好きな、笑い飯の哲夫です。

今までみんなに隠していた写経の趣味を、相方の西田とかにちょいちょいばらされるようになって、もう隠さんでもええか、と思いまして、このような本を出さないかという依頼に乗ることにしました。

また、このような本を書くにあたって、麒麟のタムちゃんの本がめっちゃ売れたので、その流れに乗って今本出したら売れるかもしれへん、というせこい魂胆の点、本職がお笑い芸人やのにこんな堅い本出してええんか、という矛盾点、そして、そんだけ好きな般若心経やったら、みんなに写経好きをばらされる前から本書いとけよ、なにみんなにばらされてから書いとんねん、という他力本願の点、それらの非難されるべき点を、全部一旦棚に上げまして、この本を書くことにしました。

今後、一旦棚に上げたものが、だんだん下に落ちて来て、自分に降りかかってくると思います。しかし、それはまたその時になんとかするし、さらに、このなんとかしなければならない未来は、今この文章を書いている現在に原因があるんだという因縁を感じ、また、ここで「因縁」という仏教用語が出てきたことにも因縁を感じ、やはり縁起、つまり、さまざまな事象がそれぞれに繋がっており、今この本を書いているのも、いろんな関連により必然的になされていることだと考えると、こんな堅い本ほんまに書いてええんかいな、という少々不安な気持ちがめっさ楽になりました。

昨今、般若心経の解説本があほほど出ています。この本をそのカテゴリーに入れるとすると、もっとも幼稚くさい、うんこくさい本やと思ってください。あんまり知識がないんです。だから、般若心経の解釈において、ひとりよがりな部分、ひどい推測による部分、うんこなどの用語を使いたがっている部分などが出てくると思いますが、みなさん怒らんといてください。

うちの家には仏壇があって、先祖の命日にはいつもお坊さんが来て、仏壇に向かって般若心経を唱えてはりました。普段の言い方で言うと、命日におっさんが来てお経あげてはりました。それを子供の時から、月一回見てきました。ずっと、それどういうことやねん、先祖に何を言うとんねん、また、死んだ人らに向かってどういう意味のことを言うとんねん、と思っていました。その疑問が、自らに般若心経の内容研究を促してくれたんだと思います。

あともうひとつ、般若心経を研究したいなあという気持ちにさせた、ある出来事がありました。それは次のとおりです。

子供の時に好きだったテレビドラマに『西遊記』（日本テレビ系）というのがありまして、夕方の再放送でよく見ていました。当時は、三蔵法師が孫悟空などの部下を連れて、天竺に何かありがたい物を取りに行く物語なんや、とぼんやり思っていたんですが、高校の授業で初めて、あの三蔵法師が般若心経を書いた人だよ、と聞いてびっくりしました。うちの仏壇の上で、荘厳な額縁に囲まれながら安座しているあの般若心経が、あんなおもろい西遊記に出てくる三蔵法師が書いたなんて、なんぼほどロマンチックやねん、と思いました。

ということは、西遊記の中で三蔵法師が取りに行ってたありがたい物とは、すなわち般若心経の教えなんやな、と理解出来ました。そして後日、そのありがたい物には、お寺のお札にあるのと同じなめくじみたいな字が書いてあり、それはサンスクリット語（古代インドで生まれた言語。仏教やヒンドゥー教の経典に使われる）というやつで、それを三蔵法師が漢字に直したんだと知りました。

以上のような因縁で、般若心経の意味を調べ始めたんです。そしてそれを成し遂げたとき、子供の時からの疑問が解決したんです。そうか、せやからお経あげてんねや、せやから先祖に向かってそう言うてんねや、と思いました。

さてみなさん、般若心経をただの長い呪文だとか思ってませんか。ちゃいますよ。ちゃんとしたお話になってるんですよ。二六二文字で構成されている、漢文なんです。漢文とは、中学校で習う、孔子の「論語」などの漢字ばっかりの感じのお話です。漢字ばっかりの感じです。かんじばっかりのかんじです。孔子の「論語」とは、「子曰く」から始まるやつです。「子曰く」とは、「し、いわく」です。もし漢文で、「子曰屁出大量」と書いてあれば、「子曰く、屁大量に出る」と書き直し、意味は、「先生はこう言った、屁めちゃ出る」となり、「屁めちゃ出る」の部分は、先生の発言になりますね。般若心経は、屁が出る仕組みについてではなく、この世の真理について、偉い人が解説してくれてるのを、誰かが書いといたものなんです。

では、偉い人が言ったこの世の真理とはいったいなんなんでしょうか。それは、さっきの「屁めちゃ出る」みたいな要領で、般若心経を訳していったら分かります。

目次

般若心経を簡単に説明しときます。般若心経を簡単に説明するとなると、仏教を説明する必要があるので仏教を簡単に説明しときます。仏教を簡単に説明するとなると、苦を説明する必要があるので苦を簡単に説明しときます。苦を簡単に説明するとなると、苦の具体的な例を挙げる必要があるので、苦の具体的な例を簡単に挙げときます。苦の具体的な例とは、他人の靴下のにおいを嗅ぐことです。他人の靴下のにおいをなくしてくれるのが、般若心経です。

般若心経全文

観《かん》自《じ》在《ざい》菩《ぼ》薩《さつ》　行《ぎょう》深《じん》般《はん》若《にゃ》波《は》羅《ら》蜜《みっ》多《た》時《じ》　照《しょう》見《けん》五《ご》蘊《うん》皆《かい》空《くう》
度《ど》一《いっ》切《さい》苦《く》厄《やく》　舎《しゃ》利《り》子《し》　色《しき》不《ふ》異《い》空《くう》　空《くう》不《ふ》異《い》色《しき》　色《しき》即《そく》是《ぜ》空《くう》
空《くう》即《そく》是《ぜ》色《しき》　受《じゅ》想《そう》行《ぎょう》識《しき》亦《やく》復《ぶ》如《にょ》是《ぜ》　舎《しゃ》利《り》子《し》　是《ぜ》諸《しょ》法《ほう》空《くう》相《そう》
不《ふ》生《しょう》不《ふ》滅《めつ》　不《ふ》垢《く》不《ふ》浄《じょう》　不《ふ》増《ぞう》不《ふ》減《げん》　是《ぜ》故《こ》空《くう》中《ちゅう》
無《む》色《しき》　無《む》受《じゅ》想《そう》行《ぎょう》識《しき》　無《む》眼《げん》耳《に》鼻《び》舌《ぜっ》身《しん》意《い》　無《む》色《しき》声《しょう》香《こう》味《み》触《そく》法《ほう》
無《む》眼《げん》界《かい》　乃《ない》至《し》無《む》意《い》識《しき》界《かい》　無《む》無《む》明《みょう》亦《やく》　無《む》無《む》明《みょう》尽《じん》
乃《ない》至《し》無《む》老《ろう》死《し》　亦《やく》無《む》老《ろう》死《し》尽《じん》　無《む》苦《く》集《しゅう》滅《めつ》道《どう》　無《む》智《ち》亦《やく》無《む》得《とく》

以《い》無《む》所《しょ》得《とく》故《こ》　菩《ぼ》提《だい》薩《さっ》埵《た》　依《え》般《はん》若《にゃ》波《は》羅《ら》蜜《みっ》多《た》故《こ》

心《しん》無《む》罣《けい》礙《げ》　無《む》罣《けい》礙《げ》故《こ》　無《む》有《う》恐《く》怖《ふ》　遠《おん》離《り》一《いっ》切《さい》顛《てん》倒《どう》夢《む》想《そう》

究《く》竟《きょう》涅《ね》槃《はん》　三《さん》世《ぜ》諸《しょ》仏《ぶつ》　依《え》般《はん》若《にゃ》波《は》羅《ら》蜜《みっ》多《た》故《こ》

得《とく》阿《あ》耨《のく》多《た》羅《ら》三《さん》藐《みゃく》三《さん》菩《ぼ》提《だい》　故《こ》知《ち》般《はん》若《にゃ》波《は》羅《ら》蜜《みっ》多《た》

是《ぜ》大《だい》神《じん》呪《しゅ》　是《ぜ》大《だい》明《みょう》呪《しゅ》　是《ぜ》無《む》上《じょう》呪《しゅ》　是《ぜ》無《む》等《とう》等《どう》呪《しゅ》

能《のう》除《じょ》一《いっ》切《さい》苦《く》　真《しん》実《じつ》不《ふ》虚《こ》　故《こ》説《せつ》般《はん》若《にゃ》波《は》羅《ら》蜜《みっ》多《た》呪《しゅ》

即《そく》説《せつ》呪《しゅ》曰《わっ》　羯《ぎゃ》諦《てい》　羯《ぎゃ》諦《てい》　波《は》羅《ら》羯《ぎゃ》諦《てい》　波《は》羅《ら》僧《そう》羯《ぎゃ》諦《てい》

菩《ぼ》提《じ》薩《そ》婆《わ》訶《か》　般《はん》若《にゃ》心《しん》経《ぎょう》

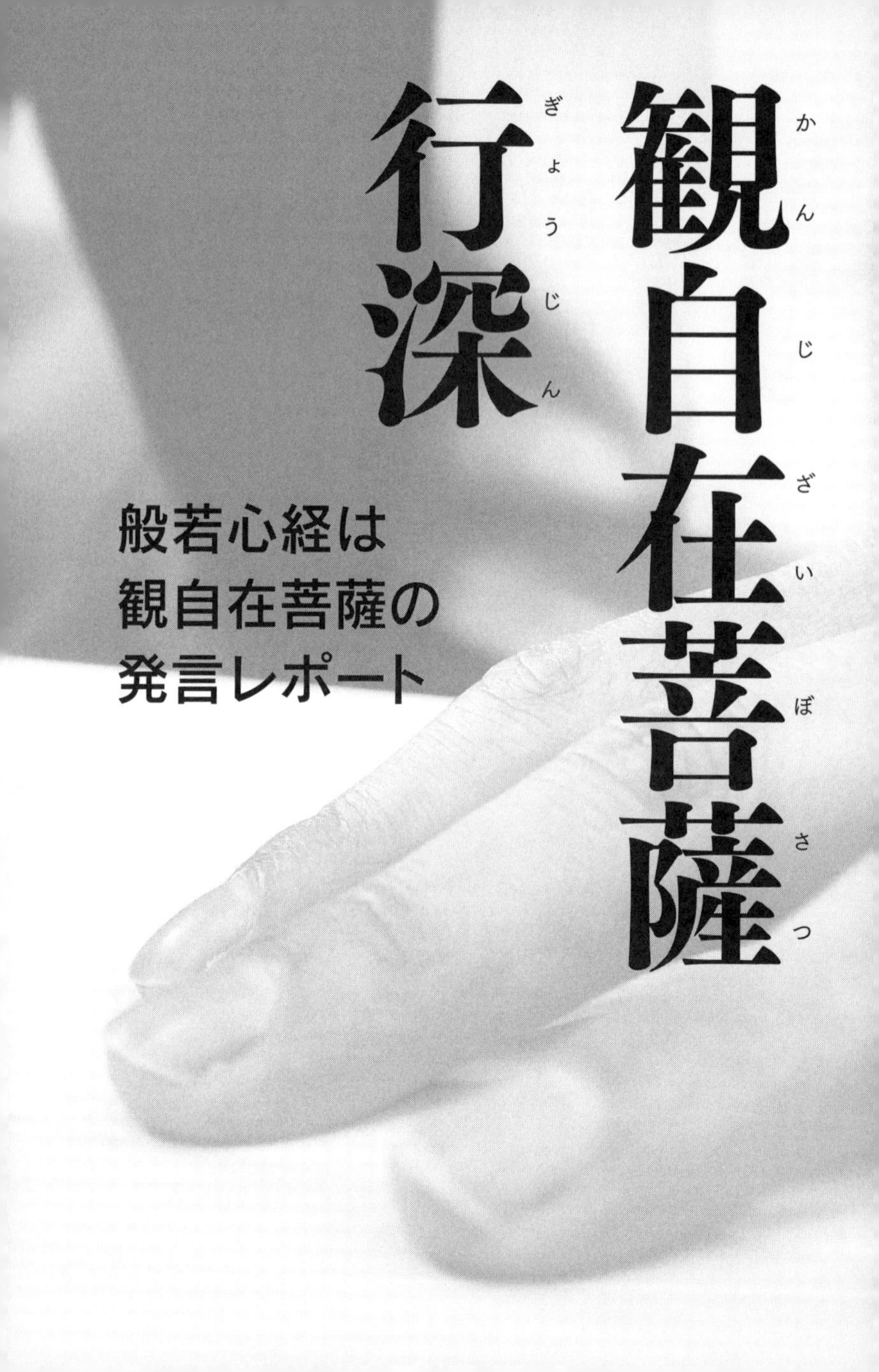

観《かん》自《じ》在《ざい》菩《ぼ》薩《さつ》
行《ぎょう》深《じん》

般若心経は
観自在菩薩の
発言レポート

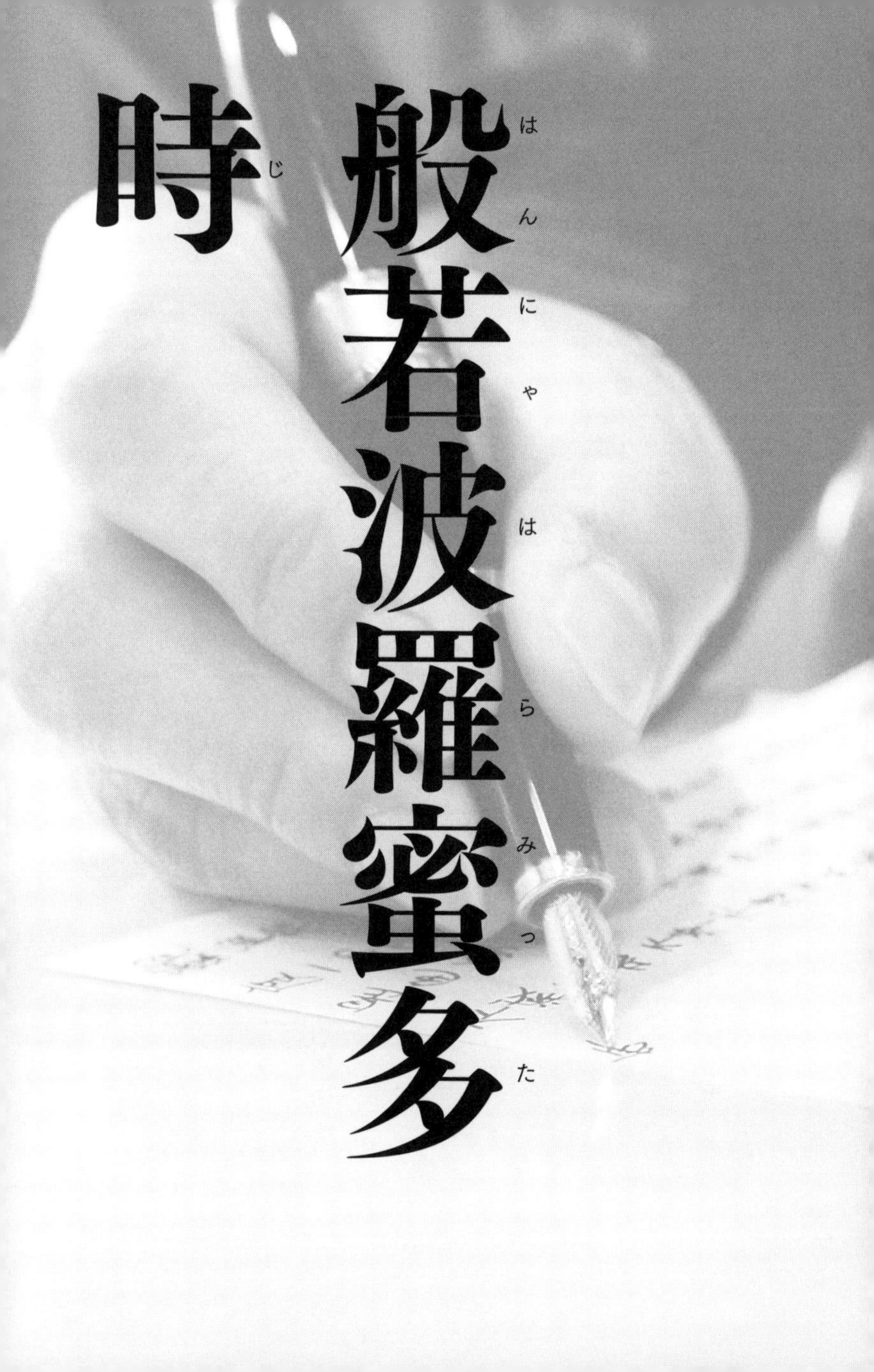

般《はん》若《にゃ》波《は》羅《ら》蜜《みっ》多《た》時《じ》

仏になれるのにならない観自在菩薩

まず最初の十四文字です。「観自在菩薩《かんじざいぼさつ》」が「行深般若波羅蜜多《ぎょうじんはんにゃはらみった》」の「時《じ》」と読みます。こんなもん、なんのことか分からないですよね。「観自在菩薩」は名前なんです。おじいちゃんおばあちゃんっ子やったら、「観音さん」って聞いたことあると思います。老人先生に習ったことある人も、聞いたことあると思います。「観自在菩薩」は、その「観音さん」です。西遊記の孫悟空の頭に付けられていた金の輪を三蔵法師にあげたのが、この「観自在菩薩」です。

観自在菩薩は、仏陀とはまた別の人です。ちなみに、般若心経は、この観自在菩薩の発言レポートなんです。仏陀の発言レポートではないんです。仏陀が他のことで忙しいから、代わりに観自在菩薩がしゃべってるらしいです。

また「菩薩」には、真理を求めて修行する者、という意味があります。これは、称号みたいなもんで、ランク的には最高ランクの、真理を悟った者を意味する「仏」、または「如来《にょらい》」のひとつ下になります。おい、そんな中途半端なやつで大丈夫かえ、となりそうですが、「菩薩」にはさらに、真理を悟っているのにもかかわらず、苦から逃れようとしている者すべてが救われるまで仏にならない者、という深い意味もあるらしく、この場合は後者の意味になるので、やっぱり相当な人なんです。しかも、仏陀の教えを観自在菩薩は代わりにしゃべるので、仏陀の教えがそのまま分かることになります。

でも、その観自在菩薩の発言レポートの前には、ちょっと説明書きがあるんです。例えば、「何か一発ギャグをしろ」と言われて、すぐに一発ギャグをする人もいますが、ほとんどの人は、「そしたら、ティッシュ配りのプロが、ティッシュを配る時の動きやります」みたいに、今からやることを説明してから一発ギャグをやるでしょ。そんな前ふりの説明書きがあるんです。

その「ティッシュを配る時」の部分が、
「行深般若波羅蜜多時」です。

「行深」は深い所に行ったんと違うんです。「行」は修行のことで、「深」は眠りが深いみたいに、度がすごいという感じです。よって、**「すごい修行」**です。

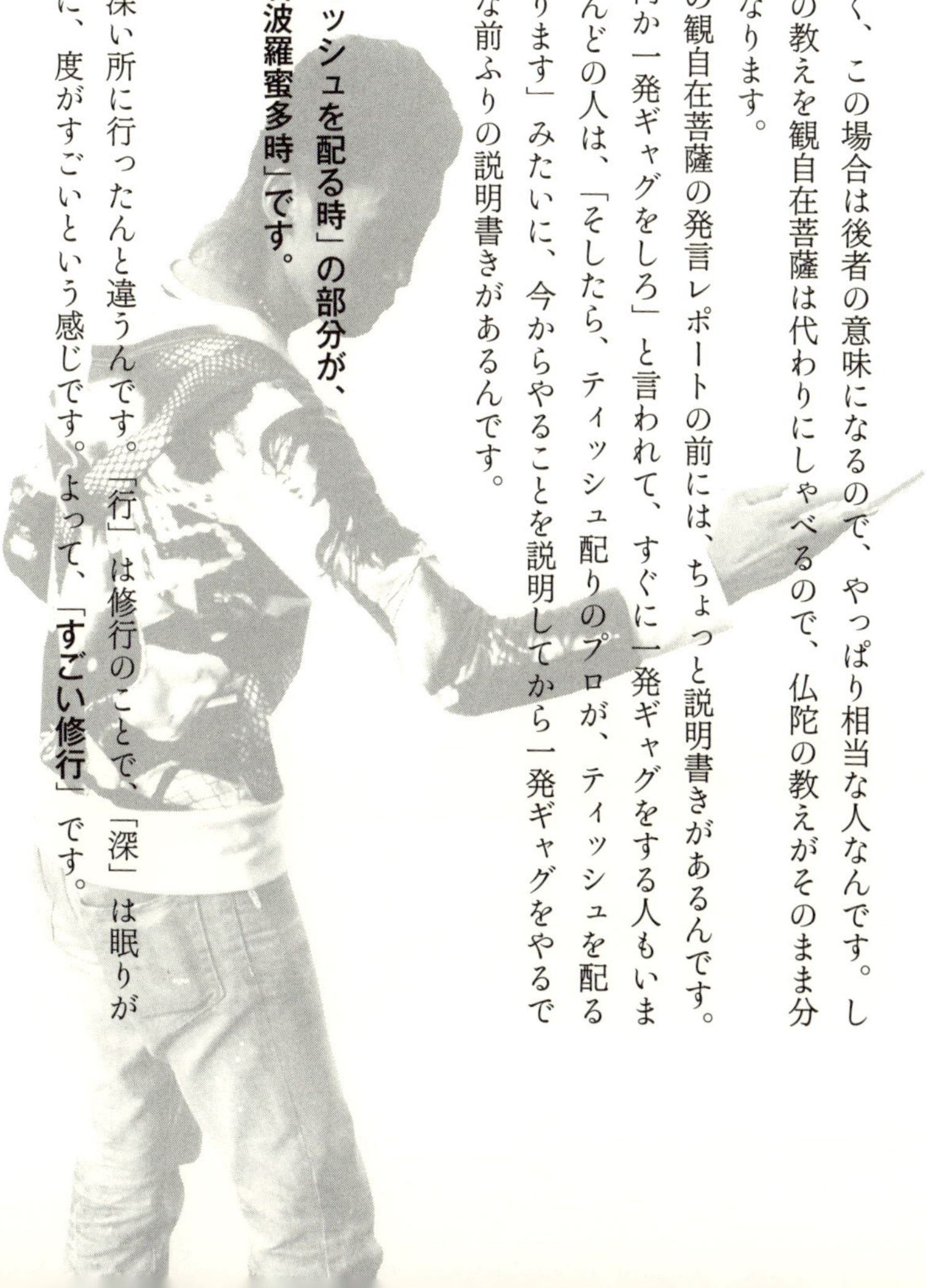

絶対に伝えたかった「般若波羅蜜多」

そして「般若波羅蜜多」ですが、これが早速、特殊なタイプなんですよ。よく言われる、変化球というやつです。結論から言いますと、この「般若波羅蜜多」は音写なんです。音写とは、サンスクリット語の漢字による音表記なんです。

漢字による音表記とは、ヤンキーの「夜露死苦」です。これは、「よろしく」という言葉に、それぞれ漢字をあてはめてるわけですね。バイクなら「馬意苦」と表記できますし、シバキなら「死馬木」と表記できますね。つまり、サンスクリット語の言い方に、同じ発音の漢字を当てはめているんです。先の「行深」では、サンスクリット語の意味を漢字に変換してたのに、「般若波羅蜜多」では、サンスクリット語の発音を漢字に変換しているんです。ですからこの部分では、漢文のように「般若が波に羅したら蜜が多い」みたいにはならないんです。

このパターンはかなり特殊でこの後ほとんど出てきません。ではなぜ三蔵法師は、この部分をこんな一風変わったやり方で訳したんでしょうか。急にヤンキー化したんでしょうか。確かに丸坊主のヤンキーも多いですが、三蔵法師はその前から丸坊主やったと思うので、急にヤンキー化したんではないと考えられます。実はこれは

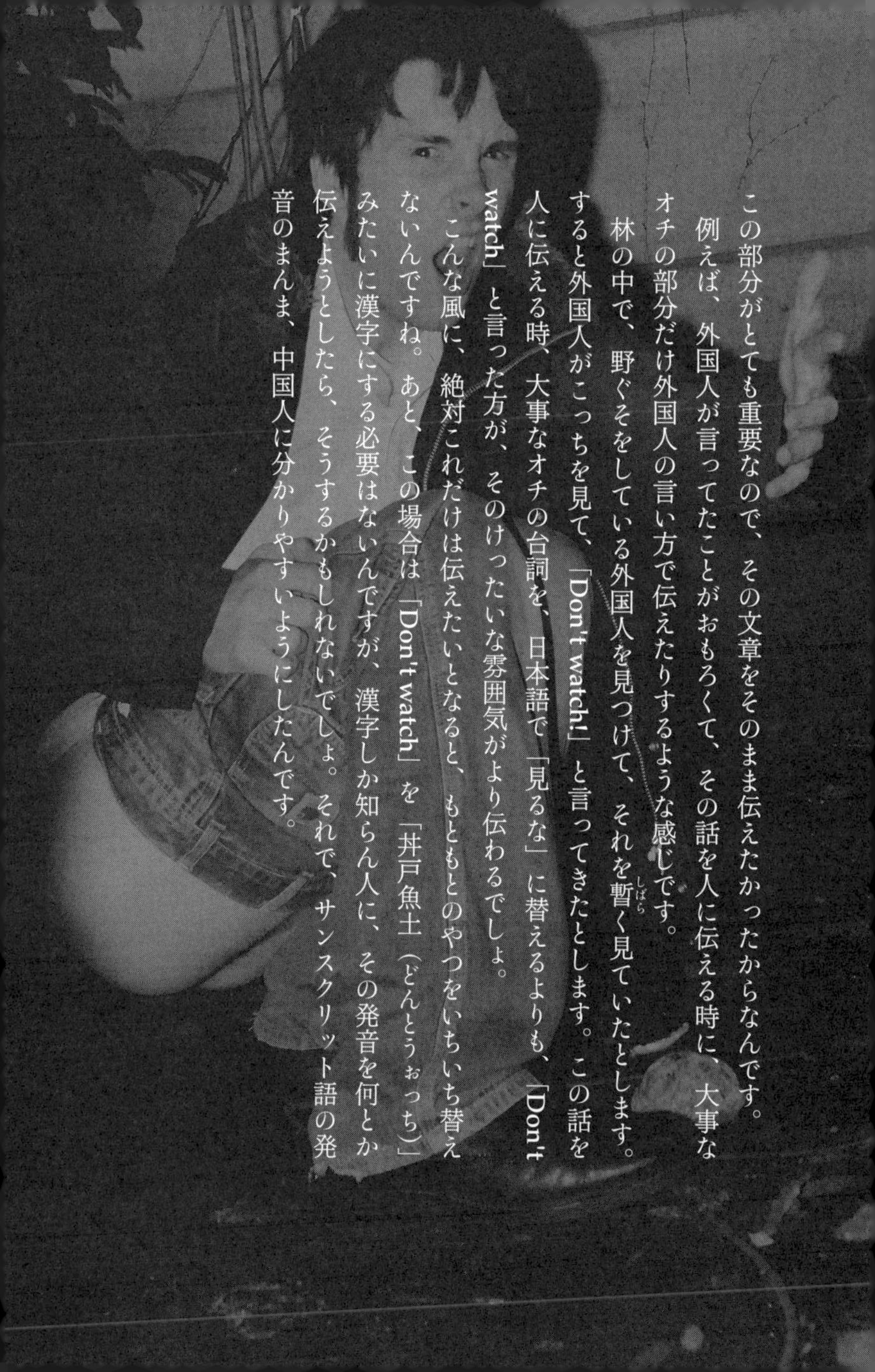

この部分がとても重要なので、その文章をそのまま伝えたかったからなんです。
例えば、外国人が言ってたことがおもろくて、その話を人に伝える時に、大事なオチの部分だけ外国人の言い方で伝えたりするような感じです。
林の中で、野ぐそをしている外国人を見つけて、それを暫《しばら》く見ていたとします。すると外国人がこっちを見て、「Don't watch!」と言ってきたとします。この話を人に伝える時、大事なオチの台詞を、日本語で「見るな」に替えるよりも、「Don't watch」と言った方が、そのけったいな雰囲気がより伝わるでしょ。
こんな風に、絶対これだけは伝えたいとなると、もともとのやつをいちいち替えないんですね。あと、この場合は「Don't watch」を「丼戸魚土（どんとうぉっち）」みたいに漢字にする必要はないんですが、漢字しか知らん人に、その発音を何とか伝えようとしたら、そうするかもしれないでしょ。それで、サンスクリット語の発音のまんま、中国人に分かりやすいようにしたんです。

また「般若波羅蜜多」は般若心経を唱える時、「はんにゃーはーらーみったー」と言いますが、サンスクリット語でも「はんにゃーはーらーみったー」といきたいところなんですが、実はちょっとだけ違って、サンスクリット語では「プラジュニャーパーラミター」と言います。なんやねん全然違うやんけ、とか思わんといてください。インドの方言で、地方によってはプラジュニャーをパンニャーと言うらしくて、パンニャーの方を音写したとかなんとか理由があるらしいんですが、説明がめんどくさいので省略します。

そして、肝心の意味ですが、「プラジュニャーパーラミター」とは、簡単に言うと「知恵の完成」です。抽象的に言うと「絶対的真理への到達」です。具体的に言うと「世の中の真理を悟る」です。もっと具体的に言うと「この世の中がどうなっているかを分かる」です。もっとも具体的に言うと「この世の中がどうなってるかということが分かり、煩悩から解放されている」です。今の「具体的」の前に付いていた、「もっと」から「もっとも」への活用は、一九八五年頃からテレビや映画でやっていた『あぶない刑事』（日本テレビ系）が続編を出す度に、『もっとあぶない刑事』から『もっともあぶない刑事』（東映）へ活用させていたんで、それを参考にさせてもらいました。

そして原文に戻りますが、「時」はそのままです。合わせると、**「観自在菩薩という人が、知恵を完成させるすごい修行をしていた時」**ですね。

これで分かったと思います。般若心経に神的なものは出てきません。仏教界では、俳優界における舘さんや柴田さんみたいな神は出てこないんです。

『もっともあぶない刑事』
1988年
写真協力：東映株式会社

照《しょう》見《けん》五《ご》蘊《うん》皆《かい》空《くう》

度《ど》一切《いっさい》苦《く》厄《やく》

「なんや、からやんけ」

仏陀の説いた四つの大事なこと

では、やっと次の十一文字にいきましょう。これは、「照」らし「見」た。何をか、「五蘊皆空《ごうんかいくう》」だと。それで「度《ど》」した。何をか、「一切苦厄《いっさいくやく》」を、と読みます。

まず、「照」らし「見」た、という状況を考えてみましょう。

夜中に家に帰って来ると、部屋の中は真っ暗です。電気をつけると机の上にお母さんのズロースが置いてあるのを発見しました。ちなみにズロースとは、「婦人のはく、ゆったりとした下ばき」のことです。この日常茶飯事の状況で説明しますと、電気で照らしてズロースを見たんですから、電気で照らさなかったらズロースはすぐに発見できず、目がだんだん暗闇に慣れてきた時に、やっとぼんやり、お母さんのズロースかな、と考えるわけですね。ここではっきりズロースだと分かるためには、照らすことが大事ですね。照らしたから、はっきり理解したんですね。ですから、「照」らし「見」たとは、「ちゃんと分かった」ということです。

では、何をちゃんと分かったんでしょうか。「五蘊《ごうん》」が「皆空」だと分かったんです。

「五蘊」とは、「五つの蘊」ということですが、「蘊」とはどういう意味なんでしょうか。だらだらひけらかすやつに、「もう、うんちくばっかりええねん」と言いますよね。

その「うんちく」の「蘊」です。うんちくは蘊蓄と書きます。この情報がすでに蘊蓄なんです。こういうふうに脳に「蓄」えられた「要素」が「蘊蓄」なんで、「蘊」はなんとなく「要素」です。そして、その五つの要素が「皆空」ということなんですが、「皆」はそのまま「みんな」の意味で、「空」は「そら」ではなく「から」の意味なんです。「から」は、お菓子の箱にお菓子が入ってない時によく使いますよね。お菓子の箱が置いてあって、ちょっとひとつよばれたろ、と思って箱を持ってみたら、えらい箱が軽くて、中を見たら何も入ってない時、言いますよね。「なんや、からやんけ」つまり「空」は、箱だけあっていかにも中身がありそうやのに、真に食べられる物は何もない、つまり、「実体がない」ということです。

後でいっぱい出てくるので念を押しますが、この「実体がない」という概念を漢字一文字で表したのが、「空《くう》」です。

詳しく説明すると、仏陀はまず、この世に見えているすべてのものは、ボロくなっていくんだと発見しました。これが有名な「諸行無常《しょぎょうむじょう》」です。ボロくなっていくということは、そのもの自体に実体がないからだ、と気付きました。そして、この世のすべてのものには実体がなく、あると思っているものは、すべて因縁により生み出された現象に過ぎない、そうなると自分も含め、ことごとく何もないんだと発見しました。これがそんな有名でもない「諸法無我《しょほうむが》」です。そして、その真理を悟ったらいい境地にいれるんだと発見しました。これがマイナーな「涅槃《ねはん》寂静《じゃくじょう》」です。この「諸行無常」「諸法無我」「涅槃寂静」が、仏陀の説いた三大大事なやつです。

あと仏陀は、人生は苦しいことばっかりだと発見しました。病気になるし、老いてくるし、死ぬし、もうそんなんやったら生まれてくるのも苦だと発見しました。これがそこそこ有名な「一切皆苦《いっさいかいく》」です。さっきの三つと合わせて、四大大事なやつです。

色・受・想・行・識という五つの要素

ですからここの訳は、「五つの要素はみんな実体がない」となるんですが、その五つの要素とは、何と何と何と何と何なんでしょうか。これが、「色《しき》」と「受《じゅ》」と「想《そう》」と「行」と「識」らしいんですが、こんな漢字一文字ずつでは分かりにくいですよね。

一つずつ説明すると、「色《しき》」とはこの世の認識できるものすべてです。簡単に言うと、見えているものとかのことです。見えていたら全部色《いろ》付いてますよね。白は無色で色《いろ》がないとか、しょうもない反論は無視するとして、見えていたら「色」なんです。透明なガラスとか透明なラップとかはまったく色《いろ》がないとか、更にしょうもない反論はもっと無視するとして、それ自体が見えたら「色」なんです。あと、屁のにおい、屁の音、さつまいもの味、さつまいもを焼いた時の温度、これらはデータで見られますよね。ですからこれらも「色」です。認識できれば「色」です。だから、木も「色」ですし、車も「色」ですし、人も「色」ですし、うんこも「色」ですし、うんこのにおいも「色」ですし、うんこがブリブリ出た場合のブリブリという音も「色」です。

そして、ここからは少々哲学的になってしまうんですが、「受」とは、「色」のうちの例えばうんこという物体を人が見た時、あっうんこだ、と感受することです。

次の「想」とは、感受されたうんこが、脳の中にイメージとして蓄積されていたうんこと一致し、完全にうんこだと脳に刻まれることです。例えば、公園でかすかすに乾いた犬のうんこを見付けたとします。最初はそれを犬のうんこだと気付かずに、スポンジの汚ないやつ、ぐらいに思って触っていたんですが、近くで散歩中の犬がうんこをしているのを見た瞬間、このスポンジやと思っていたやつは、もしかしたらうんこと違うのか、と思った時の感受が「受」、うんこと違うのかと思って、今までの知ってる限りのうんこ、つまり自分のうんこ、他人のうんこ、動物のうんこ、などが脳にイメージされ、「これうんこと違うのか」と思ったやつと、知っていた犬のうんことが、水分の有無の違いがあるだけで、同一のものと繋がった、というのが「想」です。

このように、「色」は脳内のことではないですが、「受」や「想」は脳内で行われてる作用のことなんです。この後の「行」や「識」も脳内作用のことです。

次の「行」とは、「色」すなわち対象となるものが何なのかはっきり分かった時、何をすべきか、という脳内に働く意思のことです。先程の例えを使うと、スポンジの汚ないやつと思って触っていたものが、犬のうんこだと分かった瞬間、これから手を離さなければならない、と思いますよね。この、手を離さなければ、という意思が「行」です。分かりやすいですね。

最後の「識」は、こうなってくると、知識のことだと分かりますね。もう二度と、公園のスポンジ状のものは触ってはいけないんだ、あれは乾いた犬のうんこなんだ、という知識が「識」ですね。めちゃくちゃ分かりやすい例えでしたね。

では「色」「受」「想」「行」「識」を、何となく現代語にしておきます。順に、「この世の認識できるものすべて」「感受」「イメージ」「意思」「知識」にしましょう。

それら「色」「受」「想」「行」「識」が「五蘊」で、それらが「皆空」、すなわち「みんなないんだ」と書いてあります。

では、次の「度」した、ですが、「度」てなんなんでしょう。こういう漢字一文字が何を表しているのか気になった時は、漢和辞典を引いてみましょう。やはり漢和辞典には詳しいことが載っています。この「度」を調べる為に、わざわざ漢和辞典を購入しました。『三省堂全訳漢辞海』二千九百円プラス税です。二千九百円プ

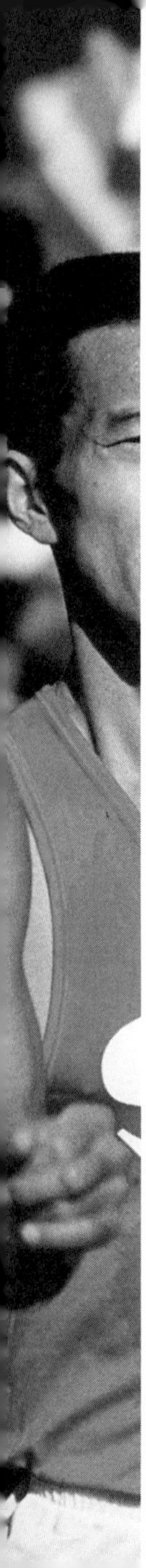

ラス税を支払ったんです。なんばグランド花月のギャラを、『三省堂全訳漢辞海』に費やしたんです。そこにはこのように載ってます。

「度」が動詞の役割をする時、「わたる」つまり「渡」の意味になり、すぎる、通過する、越えてくる、などの意味があるそうです。また仏教的には、悟りの世界に達する、此岸《しがん》から彼岸《ひがん》にわたる、という意味があるそうです。もう完璧ですよね。

「一切苦厄を越えた」、ちょっとかっこつけて、「一切苦厄から解放された」にしときましょう。

「一切苦厄」は、先程の「一切皆苦」に字の感じがそっくりですね。ですから同じ意味だと思ってください。「宗茂《そうしげる》」と「宗猛《そうたけし》」も、字の感じが似てるから、実物も似てますよね。「宗茂」と「宗猛」の意味も、やはり似ていると思います。

すると、「度一切苦厄」は、「すべての苦しみから解放された」となりますね。よってこの十一文字は、「**この世の認識できるものすべて、感受、イメージ、意思、知識という五つの要素はみんな実体がない、ということがちゃんと分かって、すべての苦しみから解放された**」となります。

「宗茂」と「宗猛」も、
字の感じが似てるから、
実物も似てますよね。
「宗茂」と「宗猛」の意味も、
やはり似ていると思います

舎《しゃ》利《り》子《し》
色《しき》不《ふ》異《い》空《くう》
空《くう》不《ふ》異《い》色《しき》

色《しき》即《そく》是《ぜ》空《くう》
空《くう》即《そく》是《ぜ》色《しき》

この世をドロドロの液状にしてみると

知恵のある弟子、シャーリプトラへ

では次の十九文字にいきましょう。「舎利子《しゃりし》」よ。「色《しき》」は「不異空《ふいくう》」だ。「空《くう》」は「不異色《ふいしき》」だ。「色《しき》」は「即《すなわ》」ち「是空《ぜくう》」だ。「空《くう》」は「即《すなわ》」ち「是色《ぜしき》」だ、と読みます。

さてみなさん、ここからがやっと観自在菩薩の発言になります。先述の一発ギャグの例えで言うと、やっと一発ギャグが始まるわけです。

まず「舎利子」ですが、これも人の名前なんです。この読み方は「シャーリーシー」ですが、この人の本名は、「シャーリプトラ」です。ですから、「舎利」まではちゃんと音写できてる感じですね。でもその後の「プトラ」のところは「子」になってます。これはなんなんでしょうか。

そこで、「子」について説明します。これは、中国における尊称です。尊称とは、偉い人に付ける名前です。孔子《こうし》とか荘子《そうし》とか老子《ろうし》とかみんなそうです。みんな偉いから、「子」を付けられているんです。貴乃花が、お兄ちゃんのことを「花田勝《はなだまさる》氏《し》」と言ってましたが、この「氏」とは意味が違います。お兄ちゃんが中国でもっと偉かったら、貴乃花も「花田勝子」と言っていたと思われます。でも「シャーリプトラ子」なら、シャーリプトラを敬って呼んでいると分かるのですが、ここでは「シャーリ子」になっています。「プトラ」はどこにいったんでしょうか。しかし、そんなことは知りません。「プトラ」がないのはこういう理由だ、などと説明するのはどうでもいいんです。非常にめんどくさいんです。

般若心経は、観自在菩薩がこのシャーリプトラに話している形で記述されています。ですからこの「舎利子」は、「シャーリプトラよ、」と呼びかけている感じです。ちなみに、シャーリプトラは仏陀の弟子で、めっちゃ知恵のある人らしいです。知恵があって偉いから、「知恵の完成」のやり方を観自在菩薩に聞いて教えてもらっているんです。偉い子の方が、質問しに行く回数が多いんです。先生がそう言ってました。

すべては因縁で繋がっている

次に、「色」は「不異空《ふいくう》」だ、と言ってますが、この「色」はさっきの「五蘊《ごうん》」のところで出てきた「色」と同じです。「この世にあるすべての認識できるもの」は実体のないものだと、さっきも言いました。そして、仏陀は実体がないからこそ変化していくのだと言いました、と、さっきも言いました。もし実体があって、真に実在するものであれば、衰えたりしないだろうということです。

今見えているものは、すべて「因縁」により生み出されるものなんだそうです。最初のあいさつでも書いた「因縁」という言葉がまた出てきましたが、これは「なんやかんやの原因」ということです。この世で起こることには、すべて原因となるものがありますよね。

例えば、口がにんにく臭くなる時があります。それは、前日にんにくを食べた、という原因がありますね。小さい時に押し入れに閉じ込められた、という原因があるから、いまだに真っ暗な所が怖い、という結果があるんです。真っ暗な所が怖い、という原因があるから、寝る時は黄色の灯りを点《つ》ける、という結果があるんです。

何かが起こった、何かが起こったからまた何かが起こった、というのを「縁起」といいます。「因縁生起《いんねんしょうき》」の略です。

「風が吹けば桶屋が儲《もう》かる」みたいなもんやと思います。これは江戸時代のことわざで、風が吹くと砂ぼこりが立つ。砂ぼこりが立つと、砂が目に入って失明する人が出てくる。失明する人が出てくると、当時、目の見えない人たちは指先の感覚が鋭いと思われていたので、三味線を弾く仕事をする人が増える。三味線を弾く仕事をする人が増えると、三味線がいっぱい必要になる。三味線がいっぱい必要になると、三味線の材料である猫の皮がいっぱい必要になる。猫の皮がいっぱい必要になると、猫をいっぱい殺さなければならない。猫をいっぱい殺すと、猫が普段餌にしているねずみが食べられなくて済む。ねずみが食べられなくて済むと、ねずみが増える。ねずみが増えると、ねずみが普段餌にしている風呂桶がいっぱい食べられる。風呂桶が食べられて使い物にならなくなると、風呂桶を買いに行かなければならない。すると桶屋が儲かる、という按配です。すごい因果関係ですね。最初にこの話を聞いた時、へえ、とってもおもしろいなあと思いました。

おもしろいので、勝手に、「本屋に行けばうんこしたくなる」を、因縁で繋いでみたいと思います。本屋に行けば、まず写真週刊誌を読む。写真週刊誌を読むと、恋愛スキャンダルが載っている。恋愛スキャンダルが載っていると、自分も恋愛したくなる。恋愛したくなると、自分を良く見せようとする。良く見せようとすると、背筋が伸びる。背筋が伸びると、大腸が動く。大腸が動くと、体内のうんこが移動する。体内のうんこが移動すると、肛門付近までうんこがやって来る。肛門付近までうんこがやって来ると、うんこしたくなる。みなさん、今、「本屋に行けばうんこしたくなる」が因縁で繋がっていることが証明されました。

このような縁起による事象や、この世で認識できるものはすべて、「物質的現象」

だというのが、仏教の概念です。「物質的現象」とは、次のようなニュアンスのことやと思います。

この世に存在するすべてのひとつひとつ個別のものを、一旦全部液状にしてみましょう。そして液状になった全部を混ぜてみましょう。そしてドロドロのひとつのかたまりにしましょう。自分も液状になって、その中に入ってみましょう。すぐに混ざってしまいますね。自分という存在がなくなりましたね。でもそのかたまりをよく見てみると、偶然、何かと何かとこのへんとそのへんとが合わさって、一瞬ひとつの「何か」が生まれたようになっています。また、偶然液状の手、液状の足、液状の頭、液状のうんこが合わさって、一瞬液状の「自分」が生まれたようになっています。何やかんやが一瞬出来上がったり、なくなったりしています。そんな感じで生まれたものが「物質的現象」なんやと思います。

この世のすべては「空」

そしてこの「物質的現象」が、「色」です。それが「不異空」だと言っています。これは、「空に異ならない」ということなんですが、ここでの「空」も、前の章で書いたことと同じです。ですから、**「物質的現象は実体がないことに他ならない」**

みたいな感じです。

そして、今度は逆に「空」が「不異色」だと言っています。これは逆も真なり、みたいなやつです。必要条件、十分条件、必要十分条件、の内の必要十分条件ですね。中学数学でこんなん出てきましたよね。「色」と「空」の関係は、必要十分条件であります。四角形で四辺の長さが等しければ、正方形である、は必要条件、正方形ならば、四角形で四辺の長さが等しい、は十分条件、四角形で四辺の長さが等しければひし形である、は必要十分条件でしたよね。

次に「色」は「即」ち「是空」なんですが、「即」ちは「すなわち」、ですよね。よく聞く「すなわち」ですが、あんまり深く意味なんか考えたことなかったので、この機会に国語辞典で意味を調べてみたいと思います。これは前から持っていた、『三省堂国語辞典』定価千八百円で調べてみます。これを購入した時は、まだ消費税が導入されてなかったんでしょうか、プラス税、の表記がありませんでした。「すなわち」とは、つまり、「それがそのまま」の意味らしいです。

そしてまた、「是」みたいな、漢和辞典を調べさせるような漢字が出てきました。国語辞典と漢和辞典の二刀流です。すなわち、二辞典流です。ちょっと長いので、二辞流にしようかなと思ったんですが、やはり、二辞典流にしときます。「是」が動詞の役割をする時、「である。」の意味になるそうです。すなわち、「色即是空」は、「**物質的現象は、それがそのまま、実体のないものである**」ですね。「空即是色」はまた、必要十分条件ですね。内角の和が百八十度であれば、三角形である、ですね。

よってこの十九文字は、「**シャーリプトラよ、物質的現象は実体のないことに他ならないのであり、実体がないということは、物質的現象に他ならない、物質的現象は、それがそのまま実体のないものであり、実体のないものは、それがそのまま物質的現象であるのだ**」ですね。大事やから何回も言ってるんですね。

般若心経
ひと言コラム❶

セックス

「色即是空」を字だけ見てると、「エロい行為はすなわち空《むな》しい」と訳してしまいそうですね。しかし、仏陀は、快楽主義と苦行主義の両方を否定して、どちらでもない「中道」がいいと言いました。だから、セックスの回数はちょうどいいのがいいんだと思います。友達に自分の回数は多いか少ないか聞きましょう。

受《じゅ》想《そう》行《ぎょう》識《しき》
亦《やく》復《ぶ》如《にょ》是《ぜ》

「インリン」に
念押しで
「オブ・ジョイトイ」

脳内作用にも実体はない

では、次は少な目に、八文字を見てみましょう。「受想行識《じゅそうぎょうしき》」も「亦復如是《やくぶにょぜ》」だ、と読みます。

ここは比較的楽ちんですよね。「受想行識」は、前に出てきましたもんね。「五蘊」のところで出てきた、色と受と想と行と識の、色がないバージョンです。ですから、何かを認識した後の脳内作用のことですね。それが、「亦復如是」だと言っています。せっかく漢和辞典を買ったんですから、一文字ずつ全部調べてみましょう。

まず「亦」は、「また」と書いてありました。「復」も、「また」と書いてありました。同じ意味です。「亦」では画数が少なくて書き足りなかったんでしょうか、画数の多い「復」を付け足してあります。「インリン」だけで十分やのに、足りないから「オブジョイトイ」を付け足しているんでしょうか。

「如」は、「同様である」と書いてあります。その下に「ごとし」と書いてあります。この「如」は武田信玄の風林火山の旗に書いてありましたよ。風林火山の旗は、旗にただ「風林火山」と書いてあるのではなくて、何か長い文が書いてありましたよね。なんと書いてあるのでしょうか。これは、携帯電話の『ヤフー』の検索を使って調べたいと思います。

「風林火山」だけで検索したら、ドラマのやつばっかり出てきました。そこで、「風林火山」と「旗」の二単語で検索してみました。すると早速、『ウィキペディア』が出てきました。風林火山、出典：フリー百科事典『ウィキペディア』と載っています。下ボタンを押すと、旗の写真が出てきました。旗には、「疾如風徐如林侵掠如火不動如山」と書いてあります。情報が得られたので、すぐに通信を終了しました。だらだら見ていて通信料が高くなるなど、もってのほかなんです。それでなくても、エロ画像を見過ぎて通信料が高くなっているんです。

さて、「如」が四つも出てきました。確か日本語では、「はやきことかぜのごとく、しずかなることはやしのごとし、しんりゃくすることひのごとく、うごかざることやまのごとし」やったと思います。こんだけ「ごとく」とか「ごとし」とか出てきたら、「如」が「ごとく」とか「ごとし」だということはすぐに分かりますね。

しかし、疑問が生まれてきました。「不動」が「うごかざること」というのは分かるんですが、「疾」が「はやきこと」とか、「徐」が「しずかなること」とか、「侵掠」が「しんりゃくすること」とか、なんだかしっくりきません。日本語の読みを間違えていたんでしょうか。気になるので、通信料が非常にもったいないけど、もう一度『ヤフー』で調べてみます。こんなことになるなら、お気に入りに登録しておくべきでした。また『ウィキペディア』のやつを見ました。長いこと「接続中」と出てるので、これは写真とか絵とか、時間のかかりそうなやつをきっちり画面に出そうとしとるな、という携帯側の意図を察知し、「キャンセル」とい

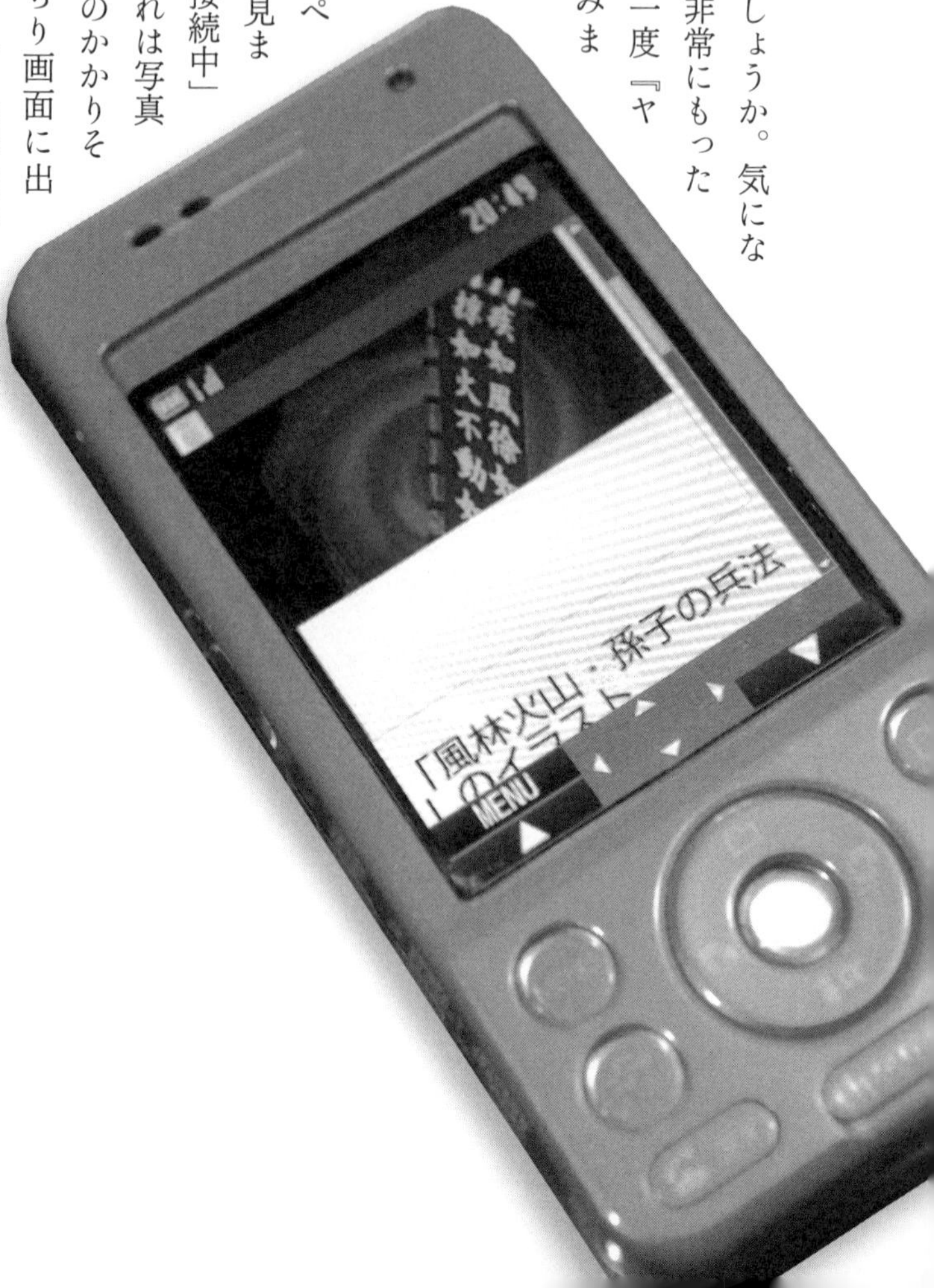

うボタンを押しました。すると、もう必要の無い風林火山の写真のところが、無様な姿になっています。完璧な節約通信です。

そこには読み方がちゃんと書いてありました。「疾《はや》きこと風の如く、徐《しず》かなること林の如し、侵掠《しんりゃく》すること火の如く、動《うご》かざること山の如し」と仮名が振ってあります。なんやねん、おおとるんかえ、と思いました。

「是」は、前に漢和辞典で調べましたね。でも漢和辞典は、一度買ったら後は何回調べても無料なので、もう一度調べてみましょう。やはり、「である」と書いてあります。その下に、「これ」とも書いてあります。そして補足説明で、「判断を表し、英語のbe動詞に相当する。伝統的に『コレ』と訓読してきた」と書いてあります。そしたらここでは「風林火山」を尊重して、「亦復如是」は、「またまたこれのごとし」と訳しましょう。

では「これ」とは何を指しているんでしょうか。これはやっぱり、さっきの「色《しき》不《ふ》異《い》空《くう》空《くう》不《ふ》異《い》色《しき》色《しき》即《そく》是《ぜ》空《くう》空《くう》即《そく》是《ぜ》色《しき》」ですね。「受想行識」もさっき言った大事なやつと同様だ、と言ってるんです。ちゃんと訳すと、「**感受、イメージ、意思、知識といった脳内作用もまた、物質的現象であり、実体がない**」です。

ちょっとだけ違うんです。

「受」の下は「又」やのに、「愛」の下は「又」に何か変なやつが付いてるんです。変な斜めの棒線が付いてるんです。まるで勃起したちんぽのような斜めの棒線です。何なんでしょうか、変な棒線です。変です。まさに「愛」の下のやつは、「変」の下のやつなんです。

今、「変」なことに気付きました。「恋」の下の「心」を、「愛」の下の変なやつ、つまり「又」に「勃起したちんぽ」が付いたやつに代えると、「変」になるんです。これは、恋には下心があるけど、愛にはまたに勃起したちんぽがあって、恋をしている時に下心がないと言いながら股に勃起したちんぽがあれば、それは変だということを伝える為に、漢字を作った男たちが施した遊びなのかもしれません。

般若心経
ひと言コラム❷

恋愛

この文節に出た「亦」という字に、後で出てくる「心」という字をドッキングすると、なんと「恋」になりました。これは恋にも実体がないということを伝えるために、三蔵法師が施した遊びなのかもしれません。

そうであるなら、他にも遊びがあるかもしれません。「恋」があるなら「愛」もあるんではないでしょうか。この文節に出ている「受」という字の真ん中辺りに、先程の「心」の字を入れるとどうでしょうか。「愛」になるかと思いきや、ちょっと違います。残念ながら

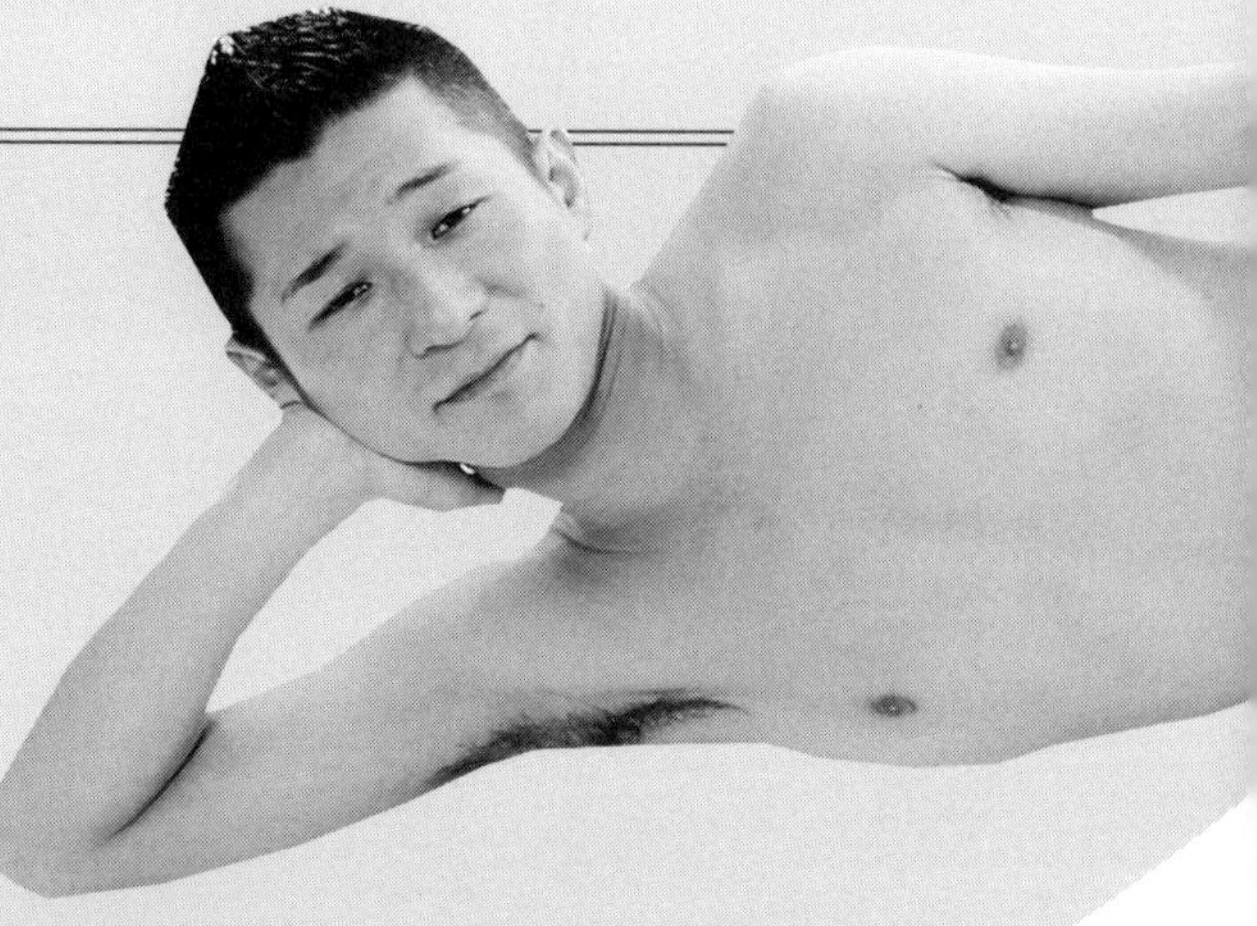

舎《しゃ》利《り》子《し》
是《ぜ》諸《しょ》法《ほう》空《くう》相《そう》
不《ふ》生《しょう》不《ふ》滅《めつ》

不《ふ》垢《く》不《ふ》浄《じょう》
不《ふ》増《ぞう》不《ふ》減《げん》

何かいちいち「かたち」を
付けて喋る人おるでしょ。
「そしたら、三十分後に
集合するかたちで」とかね。

もういちどシャーリプトラへ

先ほどはたったの八文字とずぼらをこいたので、次は多めに二十文字見てみましょう。「舎利子《しゃりし》」よ「是諸法《ぜしょほう》」は「空相《くうそう》」で「不生不滅《ふしょうふめつ》」、「不垢不浄《ふくふじょう》」、「不増不減《ふぞうふげん》」だ、と読みます。

「舎利子」は、さっきやりましたよね。「シャーリプトラ」です。もう一回呼びかけているわけです。どうしたんでしょうか。シャーリプトラが居眠りしてたんでしょうか。「そしたらあ、中西（註：哲夫本名）、ええ五・一五事件と、もう一個重要な事件あったなあ、なんや、おい中西」と言われたことがあります。それは、完全に授業中に居眠りをしていたから発せられた、二度の「中西」です。先生は名簿を見て一度目の「中西」発言をし、その後黒板を見ながら質問をしたので、すぐには居眠りに気付かず、返答のタイミングの遅さを不思議に思い、振り返った後に居眠りに気付き、二度目の「中西」発言をしたんです。

しかし、シャーリプトラが置かれている状況は、授業中ではありません。いわば、職員室に質問しに行ってる状況です。そんな所で居眠りする人は絶対いません。ではなぜ観自在菩薩は、二度もシャーリプトラを呼びかけたんでしょうか。それは、観自在菩薩が優しいからだと考えられます。なぜなら、優しい先生は何度も名前を言ってくれたからです。

「はよせんかえ中西、よう、中西、みなもう食い終わっとんぞ、中西よ、せやろがえ、なんで食われへんねや中西よ、はよ食わんかえ、せやろがえ、中西、よう、中西よう、食べても死なへんやろ、せやろ」ほらね、優しいでしょ。あの先生優しかったなあ。このように、何度も名前を言ってもらうと、すごく親身になってもらってる感じがするんです。観自在菩薩も、とても親身になって、シャーリプトラに教えてあげているんです。

宇宙に存在するいっさいは「空」

そして「是諸法」です。また「是」が出てきました。もうめんどくさいので、いちいち説明しません。「諸法」は、前に触れた「諸法無我」の「諸法」ですね。「諸法無我」の「諸法」は、「この世にあるもの」と訳してたんですが、この機会に詳しく「諸法」を調べたいと思います。

「諸」は「**もろもろ**」と太字で書いてありました。もちろん漢和辞典に書いてあるんです。なんと、「諸」のところを引くと、「諸」から始まる熟語とその意味説明のところに、「諸法」が載っていました。「諸法」の意味は、「宇宙に存在するいっさいの事物や現象」とあります。これはかっこいいですね。「いっさいの」が抜群にかっこいいです。これを訳に採用しましょう。一応「法」単品も調べておきます。「法」といえば、法律みたいな決まりごと、とか、規則、みたいな雰囲気で信じ込んでいましたが、「事物、存在」の意味も載ってました。ということはやっぱり、「諸法」は、**「宇宙に存在するいっさいの事物や現象」**のほうがいいですね。

それがまた、「空」だと言ってるんですが、今回はその下に「相」が付いています。「相」には、「かたち」、「容貌《ようぼう》」などの意味があるらしいんですが、「是諸法空相」を、「この宇宙に存在するいっさいの事物や現象には、実体がないかたちである」と訳したらなんだかブサイクだし、せっかくの「いっさいの事物」らへんのかっこ良さが台無しになってしまうので、もうこの際、「相」は無視して、「この宇宙に存在するいっさいの事物や現象には、実体がない」にしときましょう。「かたち」とか、別にきっちり訳さんでもいいんです。

最近、いちいち「かたち」を付けて喋る人おるでしょ。「そしたら、三十分後に集合するかたちで」とかね。これは、「そしたら、三十分後に集合で」とまったく同じ意味ですよね。同じ意味やのに、いちいち「かたち」を付けて喋りよるんです。あの喋り方が、もう大好きなんです。大好きなかたちなんです。般若心経においても、「かたち」を意味する「相」が入っていますが、いちいちきっちりと訳す必要はないかたちなんです。

次に出てくる「不生不滅」「不垢不浄」「不増不減」の三つは、感じが似てますね。不なんとか不なんとかですね。『かぐや姫』の話の最後らへんで出てくる不老不死の薬の「不老不死」に似てますね。この「不老不死」とは、老いもしなければ死にもしない、という意味ですよね。そんなニュアンスで訳したらいいんです。「垢」は、あか、です。つまり汚れることです。「浄」は「浄化」とかで使いますよね。つまり綺麗になることです。あとは説明せんでも大体分かりますね。「生」が、生まれることだ、とか説明するのはあほくさいんです。すなわち、結局何もないんだから、生まれることもなければ滅することもなく、汚れることもなければ、綺麗になることもなく、増えることもなければ減ることもない、と言ってるんです。

ですからこの二十文字は、**「シャーリプトラよ、この宇宙に存在するいっさいの事物や現象には実体がない。生まれることもなければ滅することもなく、汚れることもなければ綺麗になることもなく、増えることもなければ減ることもない」**となります。

般若心経
ひと言コラム❸

海

地球のほとんどが海ですよね。ならば、この世の中はこうなってるんだということを説明している般若心経は、ほとんど海のことを説明してることになりますね。確かに海の水は、水のままであろうが氷になってようが、水蒸気になって一瞬上に上がってようが、「不増不減」です。

是《ぜ》故《こ》空中《くうちゅう》無色《むしき》

無《む》受《じゅ》想《そう》行《ぎょう》識《しき》 in the sky

「無」のオンパレード

続いて、「是故《ぜこ》」、「空中《くうちゅう》」では、「色」が「無」いんだ。そして「受想行識《じゅそうぎょうしき》」が「無」いんだ、と読む、この十一文字を見てみましょう。

「是故」は簡単過ぎますね。「これゆえ」ですよね。今ふうに言えば、「だから」ですよね。関西風に言えば、「せやから」ですよね。

また「空」が出てきましたが、今度は「中」が付いています。さっきは「空相」でしたが、今度は「空中」です。でも「空相」と違って「空中」は、意味がありますね。スカイダイビングをした時に、通って来る所のことですね。もしくは、「このラインから入って来るな」と言われて、「空中やったらセーフなん」と聞く時の「空中」ですね。今の例えは昭和的でしたね。しかし、この場合の「空中」における「空」は、「そら」の意味です。これを英語にすると、「in the sky」になります。

お経で、「イン ザ スカイ」とか、
言うてる場合とちゃいますよね。

しかも、般若心経での「空」は「から」の方でしたね。そしたら、こっちを英語にすると、「**in nothing**」になります。これを適当に訳すと、「何もないの中で」となりました。これではまったく意味が分かりませんね。確か英語の「in」には、いろんな意味があったと思います。こんな時には、英和辞典が役に立つんです。高校の時に購入した、『ライトハウス英和辞典』(研究社)を引いてみます。「in」には、「の中で」の他に、「の状態で」とか「の状況の中で」という意味がありました。これは使えます。「何もない状態で」「何もない状況の中で」はなんとなく分かります。つまり、「**この宇宙に存在するいっさいの事物や現象には実体がないという状態において**」となります。かなりかっこつけて訳しました。ギャツビーつけてかっこつけて訳しました。

さて「無色」ですが、みなさん、このへんから「無」のオンパレードになります。いろんなものがないと言われます。シブがき隊の『NAI・NAI 16』(一九八二年)という歌のようです。その一発目が「無色」です。先述の「色」、すなわち物質的現象がない、と言われています。

そして、「無受想行識《むじゅそうぎょうしき》」が出てきたら、あ、さっきの「五蘊《ごうん》」のやつや、と気付きますね。「五蘊」は、色、受、想、行、識、ですもんね。脳内作用である「受相行識」と、そうではない「色」を分けて「無」を付けているんですね。「異性のどこを見るん」と聞かれて、「せやなあ、やっぱり顔かな」と答えてから、「あと、気利くかどうかやろ、ほんで、よく笑うかどうかやろ、ほんで、ちゃんと話聞いてくれるかどうかやろ、ほんで、下ネタいける子やな」と、補足するようなもんです。「無色」の後に、「無受想行識」もやっぱり大事だから補足してるんです。

さっきは、色、受、相、行、識、は「空」だとして、それらが実体のないものだと説明がありましたが、今回は、「無」になっています。でも「無」も同じことです。それら全部がないんだ、と言っているんです。おそらく、今まで「空」を使い過ぎたから、ちょっと言い方を変えたんでしょう。

お菓子の箱が十個ほどあって、中身が全部からの時、一個手に取って「からや」と言った後、二個目を手に取って「からや」と言った後、三個目を手に取って「これもからや」とちょっとだけ違う言い方をした後、四個目を手に取ったら、「なんやねん、全然入ってないやんけ」と、まったく違う言い方をする感じです。

ですから、この十一文字は、「**だから、この宇宙に存在するいっさいの事物や現象には実体がないという状態において、物質的現象もなければ、感受、イメージ、意思、知識もない**」となります。

無《む》眼《げん》耳《に》鼻《び》舌《ぜっ》身《しん》意《い》

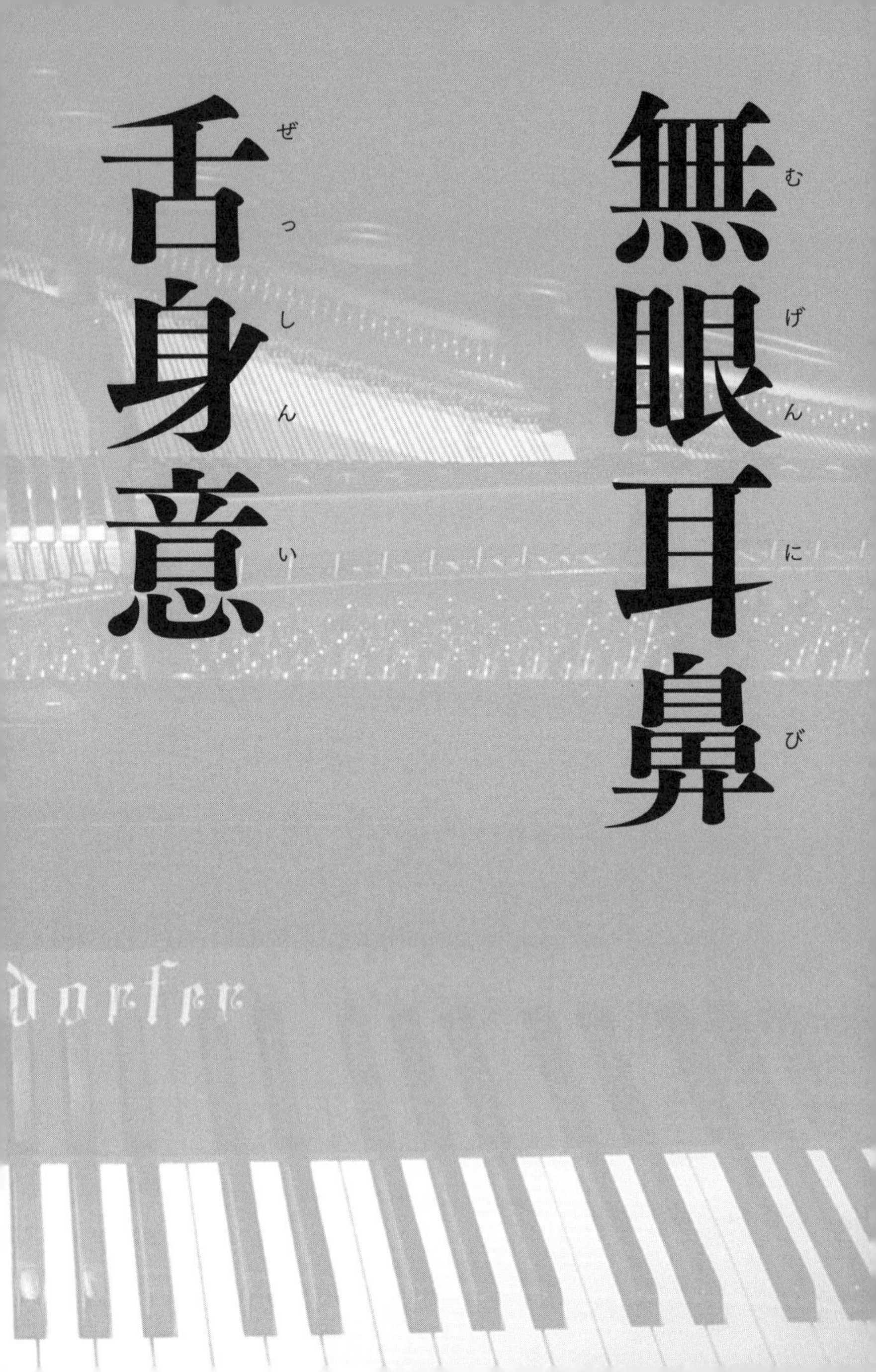

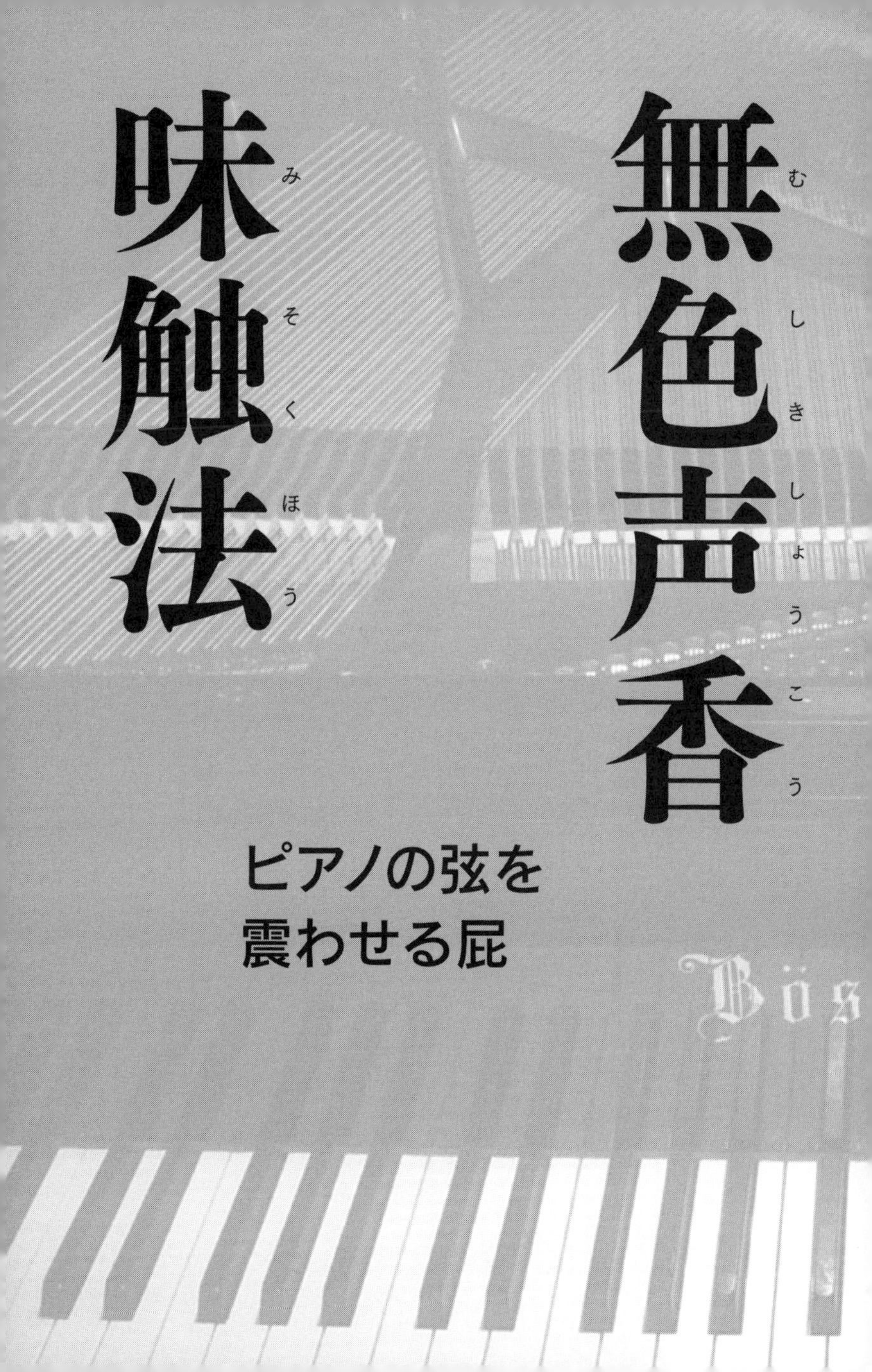

無《む》色《しき》声《しょう》香《こう》

味《み》触《そく》法《ほう》

ピアノの弦を
震わせる屁

「無」のオンパレードpart2

その後も「無」シリーズが続いて、「眼耳鼻舌身意《げんにびぜつしんい》」が「無」いんだ。「色声香味触法《しきしょうこうみそくほう》」が「無」いんだ、と読む十四文字です。

これらも全部ないんだ、と言ってるんですが、この「眼耳鼻舌身意」と「色声香味触法」が、だいたい照応してるでしょ。「眼」で見るのが「色」、「耳」で聞くのが「声」、「鼻」でにおうのが「香」、「舌」で味わうのが「味」、「身」で感じるのが「触」、ですよね。最後の「意」と「法」の関係だけ、ちょっと分かりにくいですね。もう一度「眼耳鼻舌身意」グループと、「色声香味触法」グループの関係性を考えてみましょう。

前は人間の体のパーツで、うしろは、人間の体のパーツが感じるものですね。すると、人間の体のパーツが「意」ということになります。「脳」でもよさそうやし、「意識」でもよさそうやし、気持ち的なものやったら、なんでも訳せるような気がします。こういう時に便利な言葉が、「心」です。「意」という漢字の下部をよく見ると、「心」があります。「意」は、「心」の上に「音」がある漢字ですね。

十年ほど前に、最高におもろい屁をこきました。バカでかい「ブー」という屁だったんですが、「ブー」という屁の振動が、空気中を飛び回って、隣に置いてあったピアノの弦を振るわせてしまったんです。ですから、「ブー」の後に、「ワーン」みたいな音が小さく鳴りよったんです。「ブーウワーン」みたいな感じです。その状況を思い浮かべる時、いつもその「音」が、「心」の中に甦《よみがえ》ります。

二十年ほど前に、最高にからまれたことがあります。ヤンキーブームの真っ只中だったので、ヤンキーにからまれたんです。学校から帰っていると、五人ぐらいのヤンキーに、「おぃ」と言われました。「おゎ」に近い発音です。ローマ字で表記すると、「Owi」という感じです。今でもその状況を思い浮かべる時、ヤンキーの「おゎ」「おぃ」「おぅぃ」「おぇ」という「音」が「心」の中に甦ります。

十五年ほど前に、最高にミスタードーナツに通っていた時期があります。その時、友達が必ず、「ちょっとちょうだい」と言いました。今、それを思い出すと、「心」の中に、「ちょっとちょうだい」という「音」が流れます。

十七年ほど前に、よくマクドナルドに通っていました。その時、友達が必ず、「ちょっとちょうだい」と言いました。今、それを思い出すと、「心」の中に、「ちょっとちょうだい」という「音」が流れます。

さて、今みなさんの「心」の中には、「説明しつこいわ」や、「四つ目の説明いらんやろ」や、「三つ目と四つ目の説明一緒やし、三つ目からもういらんやろ」などの「音」が流れてないでしょうか。流れてなかったらすいません。計算ミスです。でも「別に何も思ってへんわ」などの「音」が流れてないでしょうか。人が何か考えたり思ったりする時、必ず頭の中に、言葉や音楽などの「音」が出てきてるはずです。こんな感じのやつが、「意」なんだと思います。でも、「意」のまんまだと分かりにくいので、抽象的に、「心」と訳します。

そして、「心」で感じるのが、「法」ということになります。さっき出てきた「法」では、「事物、存在」という意味でした。でもこの場合は、しっくりきませんね。「心」で感じるのは、おもろいなあとか、好きやなあとか、おもろないなあとか、嫌いやなあとかですもんね。そしたら、もう一度漢和辞典で「法」を調べてみたいと思います。でも、「法令」とか「方法」とか「教義」とかしか載ってません。こんなに的確な熟語がないんだったら、そのまま、「心で感じるもの」にしときましょう。ここは、辞書に載っている言葉を使わなければならないという法に、束縛されずにいきましょう。うまいこと言いましたよ。

よってこの十四文字の訳は、**「目も耳も鼻も舌も身も心もなく、それぞれに対応する、見えるものも、声も、においも、味も、感触も、心で感じるものもない」**となりました。

般若心経
ひと言コラム❹

結婚

眼で見る見た目、耳で聞く発言、鼻で嗅ぐ匂い、舌でディープした時の味、肛門を舐めてもらった時の気持ち良さ、そして、肛門を舐めてくれるほどの優しい気立て、それらを好きになってみんな結婚するんだと思います。しかし般若心経では、「無眼耳鼻舌身意無色聲香味觸法」だと言ってます。つまり、それらの好きになった要因に実体がない、実体がないからずっと一定のものではでない、と言ってます。ですから、結婚後いつまでも肛門を舐めてもらえる訳ではない、ということをちゃんと理解してから、結婚すべきなんだと思います。

無《む》眼《げん》界《かい》
乃《ない》至《し》無《む》意《い》識《しき》界《かい》

（ないし）

見える世界も心の世界も

次はまた少な目に、「眼界《げんかい》」が「無」いんだ。「乃至《ないし》」「意識界《いしきかい》」が「無」いんだ、と読む九文字を見てみましょう。

ここではちょっと変則的に、「乃至」から見てみましょう。「乃至」は「ないし」と読みます。「ないし」は、今でも偉い人が使いますよね。小学校の校長先生が、「一年生の面倒は、五年生ないし六年生がみてあげなさい」と言うてはりました。ここでの「ないし」は、英語の「or」ですね。日本語の「もしくは」ですよね。ですから、「五年生もしくは六年生」と同じですね。でも、「一年生の面倒は、五年生から六年生までが看てあげなさい。」でも同じ意味になりますね。このように「乃至」には、「何々から何々まで」という意味があります。英語の「from A to B」ですね。こっちの意味を採用します。ですから、「無眼界」から「無意識界」までという感じになります。

英語の勉強をしたので、数学の勉強もしましょう。

$5(x+y)$を計算しなさい、という問題があるとします。この場合、5を、xとyの両方に掛けて、$5x+5y$となります。では、$5x+5y$を因数分解しなさい、という問題があるとします。この場合は逆に、5(x+y)となります。

今、「無」を「a」、「無眼界」の「眼界」を「x」、「無意識界」の「意識界」を「y」、「乃至」を「〜」とします。すると、「無眼界乃至無意識界」は、「ax〜ay」となりました。これを因数分解してみます。

a(x〜y)となりました。**a・x・y**を元の言葉に戻すと、無(眼界〜意識界)になりました。「眼界〜意識界」に、「無」が掛かっているかたちです。「眼界」から「意識界」までが「無い」、ということになります。「眼界」は「見えている世界」、「意識界」は「心の世界」だということは、だいたい分かりますね。

よってこの九文字は、「**見えている世界から心の世界まで、まったくない**」となります。

無《む》無《む》明《みょう》亦《やく》
無《む》無《む》明《みょう》尽《じん》
乃《ない》至《し》無《む》老《ろう》死《し》

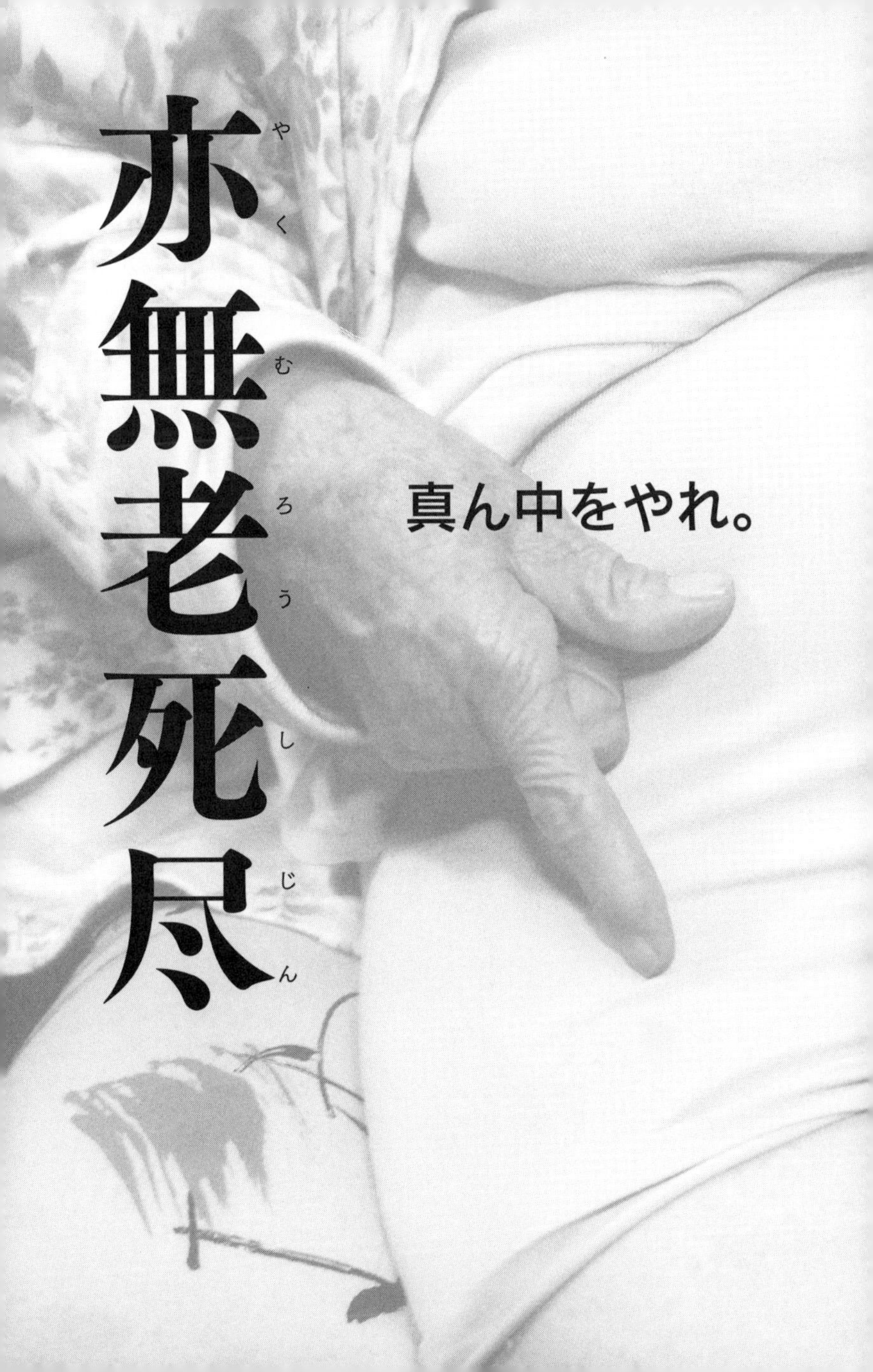

亦《やく》無《む》老《ろう》死《し》尽《じん》

真ん中をやれ。

苦しいことと楽しいことの「真ん中」

次は、十八文字を見てみましょう。「無明《むみょう》」が「無」いんだ。「亦《やく》」、「無明尽《むみょうじん》」が「無」いんだ。「乃至《ないし》」、「老死《ろうし》」が「無」いんだ。「亦《やく》」、「老死尽《ろうしじん》」が「無」いんだ、と読む十八文字を見てみましょう。

まず、ないとされている「無明」を分析したいと思います。漢文みたいに、「無」と「明」の間にレ点を打つと、「無レ明」となります。レ点は、逆にするやつでしたよね。ですから、「明るく無い」みたいになりますね。

夜、部屋に帰って来たら、まず明るくないですよね。その明るくない状態で、荷物を下ろし、椅子に座り、机の上に手を置きました。すると、机の上に置いてあった何かに手が触れました。その机の上に置いてあった物が、お母さんのズロースだったとします。この時、すぐにお母さんのズロースだ、と気付くでしょうか。おそらく、お母さんのズロースだとは気付かずに、机を拭くための布巾かな、と思ったり、昨日友達が忘れて帰ったパンツかな、と思ったり、温泉に行った時に、別に持って帰らんでもええのに一応持って帰って来たタオルかな、と思ったり、真実が分からない状態になるでしょ。無理矢理「真実がわからない」みたいな、かっこええ言葉を使いましたが、「無明」とは、この「真実が分からない」というニュアンスのことなんです。その「無明」が「無」いんだ、と言っています。つまり、「真実が分からないということが無い」ということです。

「亦」は「また」です。

そして次にないとされているのが、「無明尽」です。さっきの「無明」に「尽」が付いています。では「尽」を漢和辞典で調べてみます。「尽」とは、「すっかりなくなる」の意味らしいです。ということは、「無明尽」の訳が、「真実が分からないということがすっかりなくなる」となりました。ややこしいですねえ。これが、まだ「無」いんだ、と言ってるんですもんねえ。そのまま「無無明尽」を訳すと、「真実が分からないということがすっかりなくなるということが無い」ですよ。信じられないややこしさです。ないいんかえ、ないいんかえ、の連続ですね。では簡単に、「**真実が分からないということがすっかりなくなるということがない**」にしましょう。分かりやすく、「無」をひらがなにしました。「無」という難しい漢字を、分かりやすくひらがなにしたんです。

また「乃至」が出てきました。この場合の「ないし」は、「ついには……という結果にまで至る」という意味がふさわしいです。もちろん、辞書で調べました。

さて、さらに「無」いとされているのが「老死」です。これは簡単ですね。「老いることと死ぬこと」ですね。「老死尽」もさっきと同様に、**「老いることと死ぬことがすっかりなくなる」**です。これも「無」いと言っています。

するとここの十八文字は、**「真実が分からないということもなく、真実が分からないということがなくなることもなく、老いることも死ぬこともなく、老いることと死ぬことがなくなることもない」**となります。

「女の子を紹介したろか」と言われて、「どんな子なん、かわいいの」と聞くと、「かわいいていうこともないけど、かわいないていうこともないなあ」と、よく言われますね。ちょうど、真ん中ぐらいだ、ということなんでしょうね。

仏陀が説いた重要なもののひとつに、「中道《ちゅうどう》」というのがあります。「中道」とは、真ん中をやれ、ということです。

仏陀は、すごい修行をしてこの考えに到達したそうです。自分を苦しめることばっかりやってもあかんし、かといって楽しいことばっかりやっててもあかん、そしたらその真ん中をやろう、という考えです。分かりやすいですね。

例えば、結婚式のスピーチを頼まれて、ちゃんとしたこと言わなあかんやろなあ、でもちゃんとしたことばっかり言ってたら、堅苦しくておもろないしなあ、あほなことばっかり言おかなあ、でもあほなことばっかり言ってたらあかんやろうしなあ、と考えたりしますよね。この場合も、「ちゃんとしたこと」と「あほなこと」のちょうど真ん中を言ったら、最高なんですよね。「中道」はセンスのかたまりみたいなもんやと思います。だから結婚式のスピーチは、「金玉袋」、「金玉の入った袋」、「男だけがついている金玉袋」という三つの袋ではなく、「堪忍袋」、「給料袋」、「お袋」の三つでもないいんだと思います。

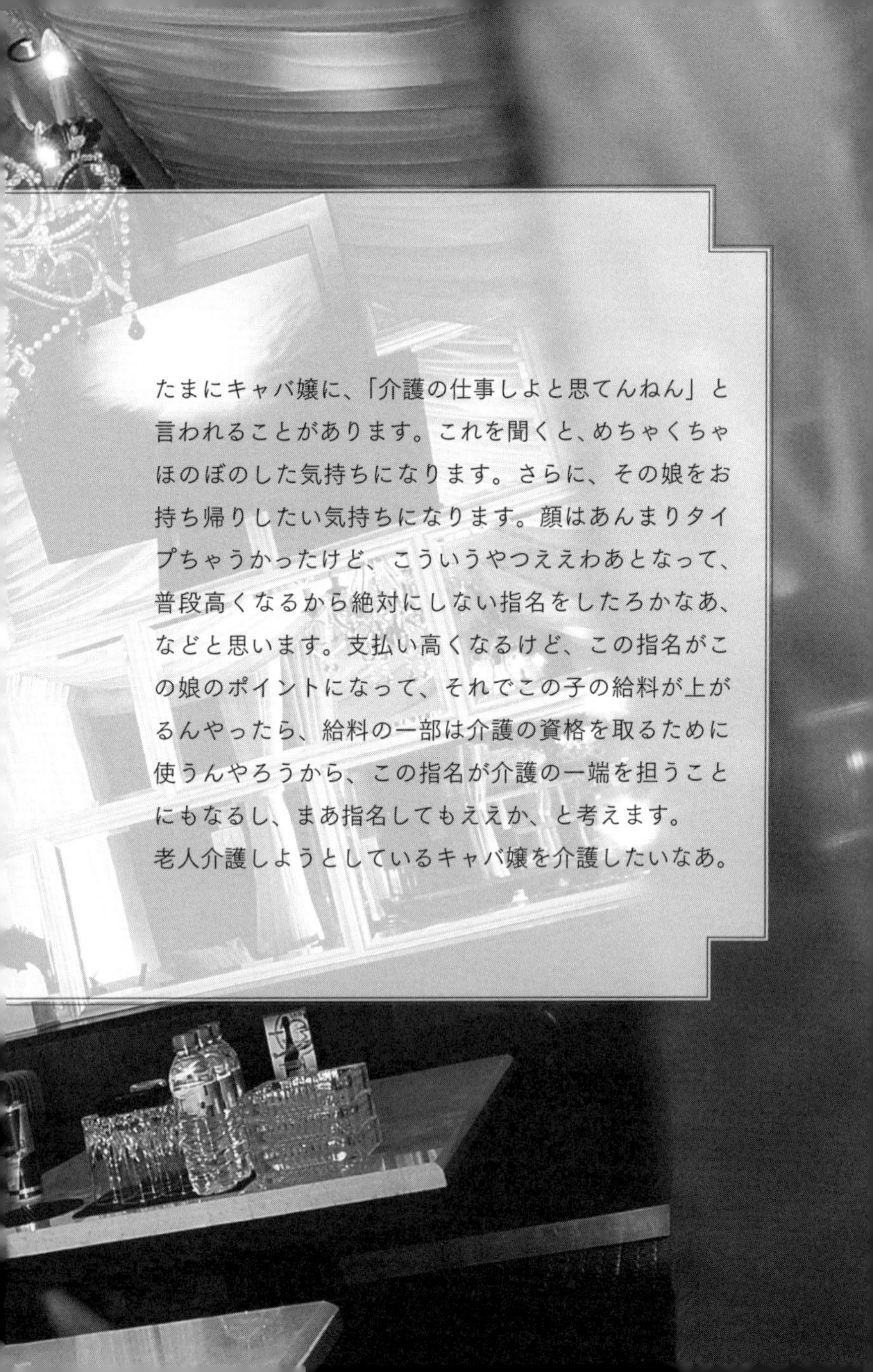

たまにキャバ嬢に、「介護の仕事しよと思てんねん」と言われることがあります。これを聞くと、めちゃくちゃほのぼのした気持ちになります。さらに、その娘をお持ち帰りしたい気持ちになります。顔はあんまりタイプちゃうかったけど、こういうやつええわあとなって、普段高くなるから絶対にしない指名をしたろかなあ、などと思います。支払い高くなるけど、この指名がこの娘のポイントになって、それでこの子の給料が上がるんやったら、給料の一部は介護の資格を取るために使うんやろうから、この指名が介護の一端を担うことにもなるし、まあ指名してもええか、と考えます。
老人介護しようとしているキャバ嬢を介護したいなあ。

般若心経
ひと言コラム❺

老人介護

老人の「老」は四苦のひとつなんです。老人と違う人は老人に対して、常に慈悲の心でもてなすべきだと思います。

さて、落とした財布がほとんど戻ってこない世の中で、ええ人もまだまだいっぱいいてはるんやなあと思うのが、介護の仕事に就きたがってる人が結構いるということです。

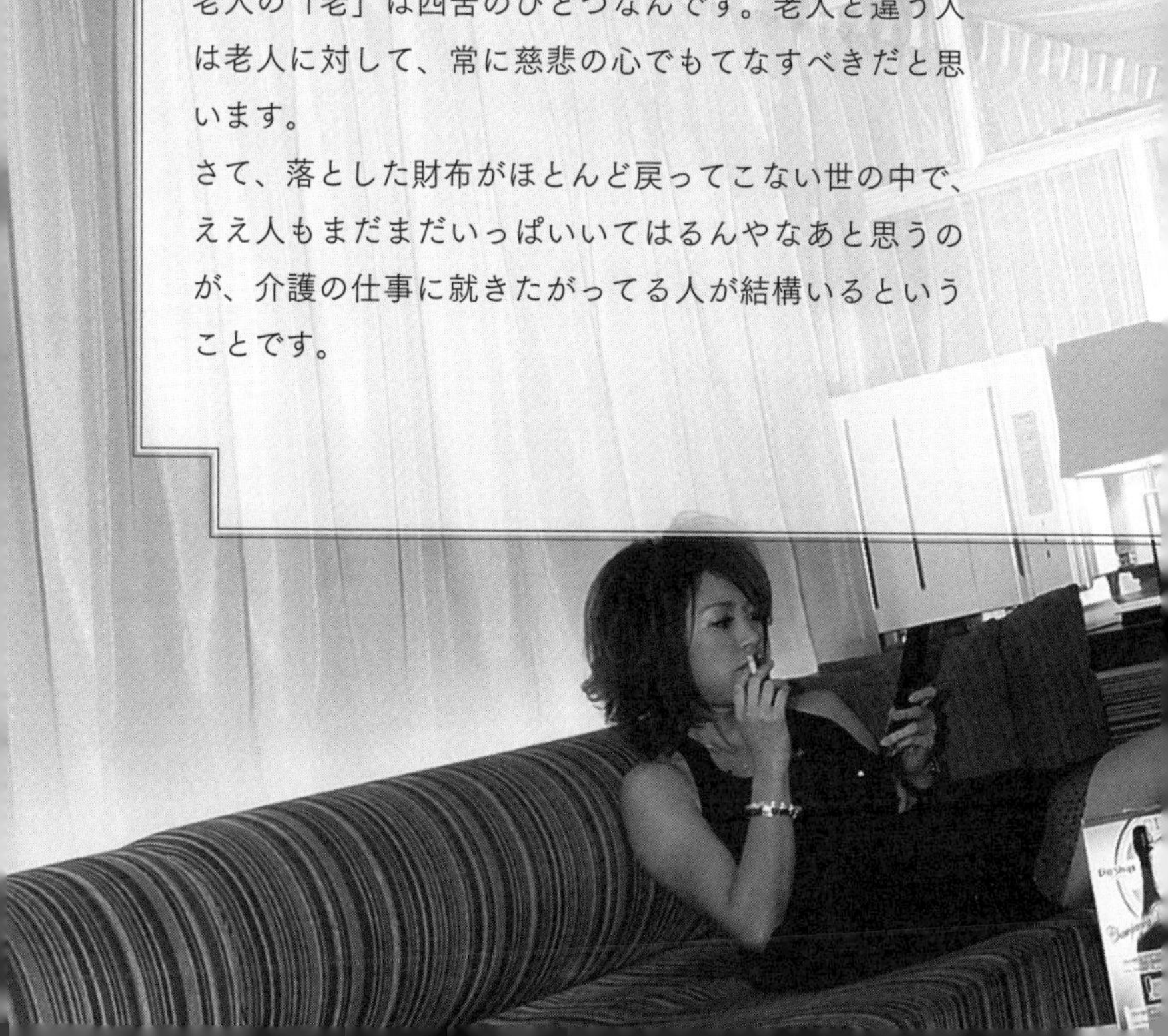

無《む》苦《く》集《しゅう》滅《めつ》道《どう》
無《む》智《ち》亦《やく》無《む》得《とく》

空《くう》と空《から》

エゴイズムをなくす方法

次は、十文字を見てみましょう。「苦《く》」、「集《しゅう》」、「滅《めつ》」、「道《どう》」が「無」いんだ。「智《し》」ることが「無」いんだ。「亦《また》」、「得《え》」ることが「無」いんだ、と読む十文字です。まだ「無」シリーズですが、今度は、「苦」、「集」、「滅」、「道」という四つのものが「無」いとされています。ではひとつずつ見てみましょう。

まず、「苦」です。「苦」はもういいですよね。くさい公衆便所で、うんこしなければならない状況も「苦」です。鼻がもげそうな「苦」です。

次に「集」です。なぜこの公衆便所はこんなにくさいんだ、とよく思いますよね。それは、めちゃめちゃくっさいうんこをした人が、前にいるからです。しかも一人とかではなく、何人もの人たちが、くっさいうんこをしているからです。一人のくっさいうんこと、もう一人のくっさいうんこ、また他の人のくっさいうんこ、それらが集まって、くっさいにおいを作り出しているんです。くさい公衆便所を作り出すために「集」められたもの、それが、無数のうんこなんです。くさい公衆便所が作り出された「原因」は、無数のうんこにあるんです。すなわち、「集」とは「原因」です。ここでは、「苦」の「原因」となるもののことです。

次は「滅」です。においというのは、においの元となる小さい小さい粒子が、鼻の粘膜に当たって感じられるそうです。ですから、うんこの小さい小さい粒子が鼻の粘膜に当たった時、「くっさ、この便所」となるんです。でも、うんこの小さい小さい粒子がなくなれば、鼻の粘膜にはなにも当たらず、「なんもにおいせえへん、この便所」、となるんです。この、「なんもにおいせえへんこの便所」が、「滅」です。ここでは、「苦」が「なくなること」、のことです。

そして「道」ですが、換気、消臭スプレー、息止め、別便所探し、などに代表される、「苦」をなくすための「方法」のことです。

この四つを「四諦《したい》」といいます。仏陀が真理を悟って、一番最初に説いたのがこれです。仏陀は、人生は全部「苦」だと言いました。そして、その「苦」はエゴイズムによって生まれると言いました。それから、エゴイズムをなくしたら「苦」がなくなると言いました。更に、そのエゴイズムをなくす方法を言いました。今の、「言いました」で終わる四つの文が、順に「苦」「集」「滅」「道」です。ちなみに「四諦」の「諦」は、「あきらめる」の意味ではなくて、「真理」の意味らしいです。

そして、この四つが「無」い、とされています。あれ、おかしいですね。仏陀が説いた、四つの真理を「無」いと言ってるんです。観自在菩薩の台詞に、仏陀の考えと逆のニュアンスのことが書いてあるのは、おかしいですね。急に、観自在菩薩が、仏陀を裏切ったんでしょうか。もしくは、今までいろんなものに「無」、と言ってきたから、「無」と言ってはいけないものにも、勢いで「無」を付けてしまったんでしょうか。そんなわけはないんです。本当はこういう理由で「無」が付いているというのを知っているのに、わざとこんな間違った疑問を投げかけているんです。

これは、NHK教育の「中学社会」で、小野妹子が出てきた時に、アシスタントの女の子が、「へえ、一番最初の遣隋使って女の人だったんですね」と、わざと間違うことによって、先生が「これね、実は男なんですよ」と、説明できるシステムとよく似ています。「子」が付いているから「女の人だ」と同様、「無」が付いているから、「仏陀が言った真理はない」というのはおかしいんです。

そこでまず、「無」について考えてみましょう。この「無」は、ただ単に「ない」のではなく、「ありそうやけどない」という感じなんです。もっと難しく言うと、「実体がない」ということなんです。もっとも難しく言うと、「物質的現象として現れているだけで、実体はない」ということなんです。逆に言うと、「実体はないけど、物質的現象としては現れている」となります。ですから、現象として現れている「四諦」は素晴らしいと観自在菩薩も認めているんですが、なんせ最高の真理が「空」、すなわち、「この世のすべてには実体がない」という真理なんで、この「四諦」ですら実体がないと言わざるを得ないんです。

そして、「智」ることが「無」いと言っています。「智」という漢字の下の方にある「日」を抜いたら「知」ですね。「知る」ことが「無い」ということです。その後の「得」ることが「無」い、はそのままです。つまり、最高の観点が「空」なので、何かを知ることも、何かを得ることも実体は「無」い、と言ってるんです。

誰かに、空《から》のわき汗スプレーをもらっても、中身が空だとその効力を知ることも、その効力を得ることも出来ません。わきは、汗でびちょびちょのままなんです。つまり、わき汗びちょびちょが人体の真実なんです。

「無智」と「無得」の間にあった「亦」の説明は、めんどくさいのでしません。

するとこの十文字の訳は、「**苦も、苦の原因も、苦がなくなることも、苦をなくす方法もなく、知ることも、また得ることもない**」となります。

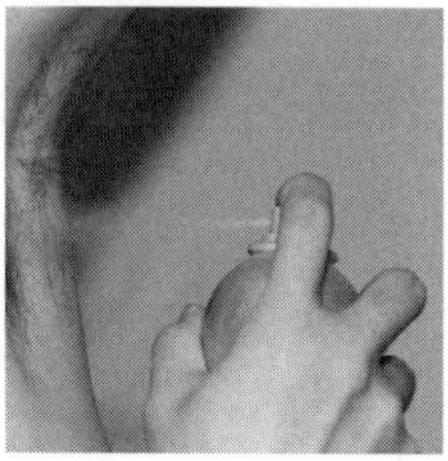

以《い》無《む》所《しょ》得《とく》故《こ》

無所得スプレー

所得とは金銭を意味しない

では、次は「以《い》」、「所得《しょとく》」が「無《な》」いというのを。「故《ゆえ》」に、とたったの五文字です。「以」とは何なんでしょう。今度はインターネットで、「以」を調べてみましょう。ヤフーで調べると、フリー多機能辞典『ウィクショナリー日本語版』というのが出てきました。本当は漢和辞典で調べたいんですが、今、持ってないんです。「以」の意義のところに、「もちいる」「もって」「によって」「ゆえに」「より」と載っています。また、字源というところに、「道具を用いて仕事をするの意で、後に『～を用いて』『～によって』の意を生じた」、と載っています。でも、漢和辞典を用いていたら、もっと詳しいことが載っていたかもしれません。早速「用いる」を使いました。ということは、「漢和辞典を用いる」を漢文にしたら、「以漢和辞典」になるんでしょうね。「漢和辞典」を「無所得」に替えたら、「以無所得」になりました。つまり、「無所得」を「用いて」るんですね。

では「無所得」を考えてみましょう。「所得」は今でも使いますよね。やっぱりみんな他人の所得が気になるみたいで、よく年間所得を聞かれます。五千億円です。これを、真実として受け入れないで下さい。ふざけているんです。しかし、さっきからの話の流れで、急にお金の話になるのはおかしいですね。ですから、現代の「所得」とは、ちょっと違うみたいですね。では、「無所得」を逆から読んでみましょう。すると、「得る所が無い」となりました。さっき出てきた「空」の観点からすると、この世の中には実体のあるものは何もない、ということですから、何かを得ようとしても、得る対象となるものがないわけです。つまり、わき汗スプレーの中身が「得る所」ですね。からのわき汗スプレーは「得る所が無い」ということですね。

そして、それを「用いる」んですから、空《から》のわき汗スプレーを用いる、となります。最後に「故」が付いています。これは「ゆえ」でしたね。理由を表してます。空のわき汗スプレーを用いるから、という理由です。それは、「無智亦無得《むちやくむとく》」の理由を言ってるんです。さっきのやつです。空《から》のわき汗スプレーの効力を知ることも得ることもない、という部分です。これを合わせると、空《から》のわき汗スプレーの効力を知ることも、効力を得ることもない、なぜなら、空《から》のわき汗スプレーを用いるからだ、となります。

このわき汗スプレーの例えを、強引に「以無所得故」に戻して訳すと、「**なぜなら、得る対象となるものがないからだ**」となります。

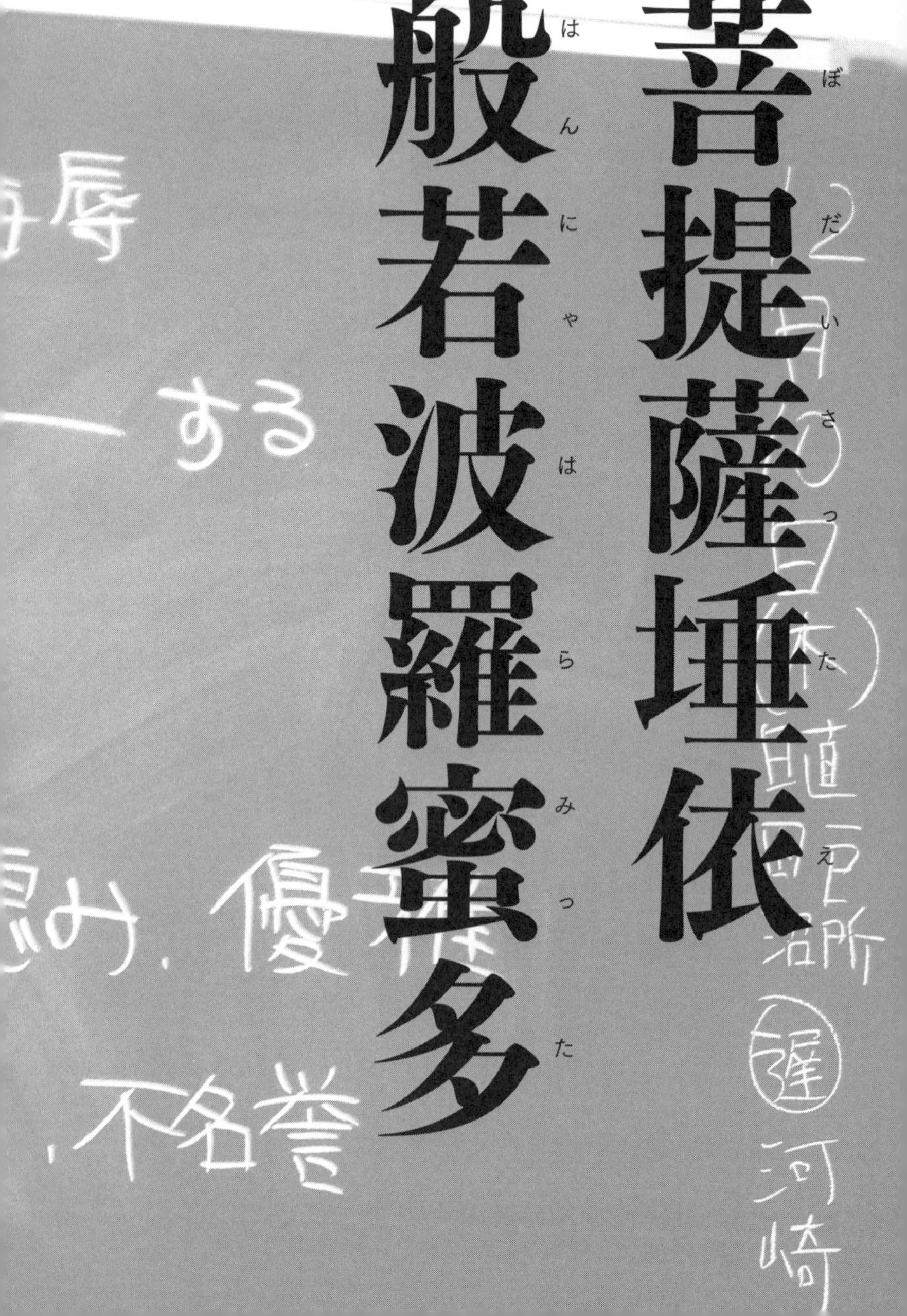

菩《ぼ》提《だい》薩《さっ》埵《た》依《え》
般《はん》若《にゃ》波《は》羅《ら》蜜《みっ》多《た》

故《こ》心《しん》無《む》罣《けい》礙《げ》

英文法でいうところの第三文型

さて、今までずっと「無」のオンパレードで、「空《くう》」のことについて詳しく説明がありました。みなさん、ここからは結構楽ちんです。今から暫くは、「空」という真理をマスターしたら、どうなるか、どんな感じになれるか、の説明になります。

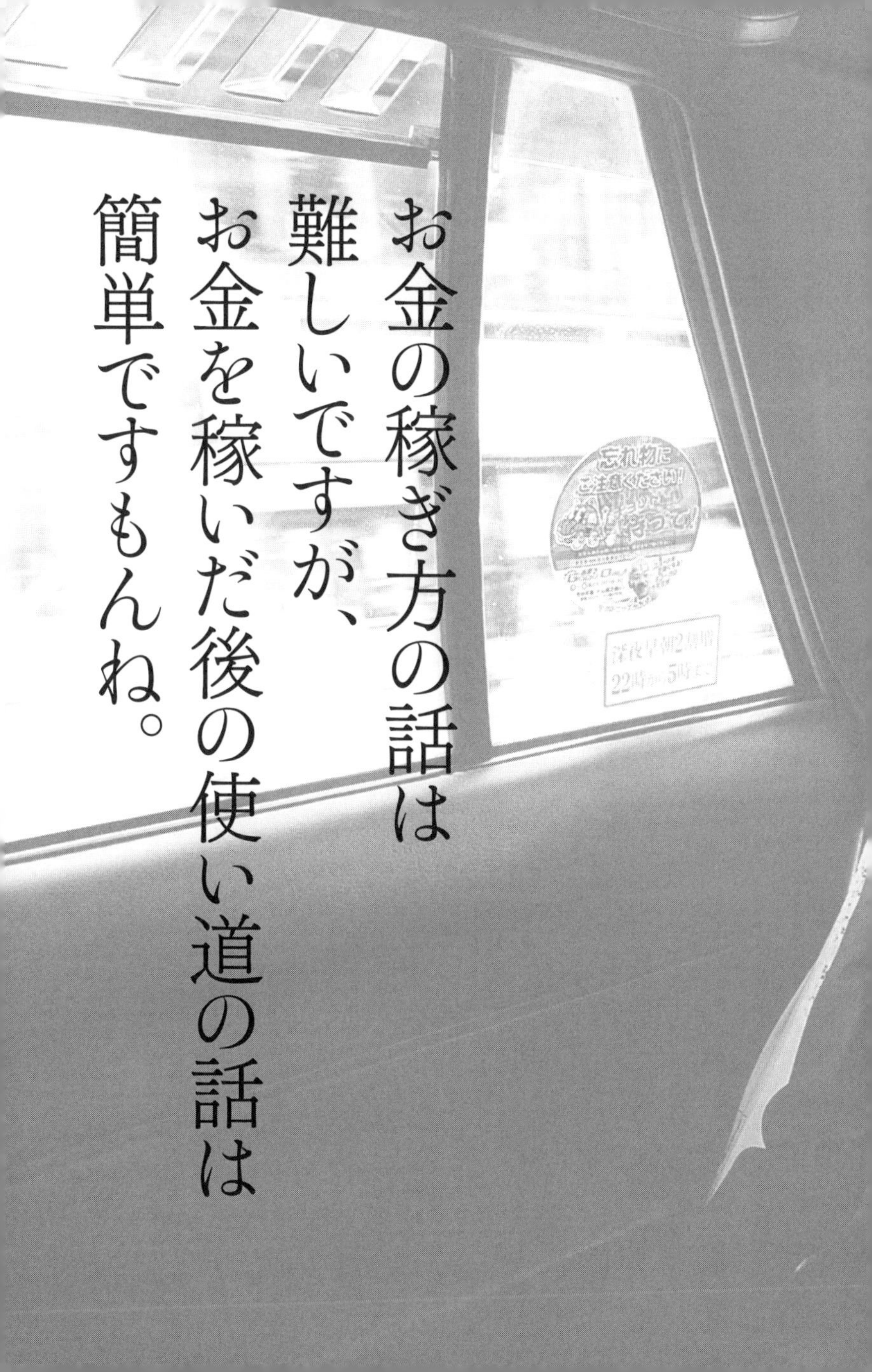

お金の稼ぎ方の話は
難しいですが、
お金を稼いだ後の使い道の話は
簡単ですもんね。

「知恵の完成」をマスターしたら

では、十六文字を見てみましょう。「菩提薩埵《ぼだいさった》」は「依《よ》」る。何にか。「般若波羅蜜多《はんにゃはらみった》」に。「故」に「心」が「無罣礙《むけいげ》」だ、と読みます。

最初の「菩提薩埵」は何かに似てませんか。「菩薩」にそっくりですよね。「提」とか「埵」とか付いてるだけで、ほとんど一緒ですよね。こんだけ似てたら一緒なんです。「菩提薩埵」は「菩薩」のことです。正式名称らしいです。「インリン」の正式名称が「インリン・オブ・ジョイトイ」であるのと同様のことです。

次に「依」という漢字一文字がきました。早速漢和辞典で調べます。意味は、「よりどころにする」という意味があります。ということは、「菩提薩埵」が「よりどころにする」「般若波羅蜜多」を、という英文法で言うところの、完全な第三文型が出来上がりました。主語、動詞、目的格、の関係です。中国語でも、この文法の順は同じらしいです。ですから、「菩薩が、般若波羅蜜多をよりどころにする」となりますね。

久しぶりに「般若波羅蜜多」が出てきました。この訳は、「知恵の完成」としていました。菩薩がもうすでに「知恵の完成」を成し遂げているのは、先程述べました。「知恵の完成」を済ましているのに「仏」にならずにいるとか何とか言いました。ちなみに、ここでの「菩薩」、つまり「菩提薩埵」は「観自在菩薩」だけでなく、「知恵の完成」をすましているのに「仏」にならない者全般を指します。そしてまた「故」です。「ゆえ」に、です。「ゆえ」に何なのかというと、「心」が「無罣礙」なんだそうです。では「罣礙」を調べましょう。

こんな難しい言葉、ここ以外で見たことありません。「罣」と「礙」を一文字ずつ、漢和辞典で調べてみましょう。まず「罣」の意味は、「心にさまたげがある」と書いてあります。そして「礙」の意味ですが、「さまたげる」と書いてあります。何と、「さまたげ」がかぶっています。こうなると、「罣礙」の意味は、「さまたげ」に違いありません。こんな素晴らしい漢和辞典を、誰が作ったんでしょうか。制作者のところを見てみると、携わってる人が多過ぎて、名前を挙げてお礼をしようと思ったんですが、めんどくさいのでやめました。つまり、「心無罣礙」は、「心に妨げがない」となります。

ですからこの十六文字は、「**菩薩達は知恵の完成をよりどころにしているので、心に妨げが無い**」となります。「知恵の完成」をマスターしたら、何も迷わないということです。

無《む》罣《けい》礙《げ》故《こ》
無《む》有《う》恐《く》怖《ふ》、
遠《おん》離《り》

一《いっ》切《さい》顛《てん》倒《どう》夢《む》想《そう》
究《く》竟《きょう》涅《ね》槃《はん》

やっとおしっこ
出来た時の
安らかな状態

目指した「涅槃」を極める

さて、次は多い目に二十文字いきましょう。「無罣礙《むけいげ》」の「故」に、「恐怖」が「有」ることが「無」いんだ。「遠《とお》」く「離《はな》」れている。「一切《いっさい》」の「顛倒夢想《てんどうむそう》」から。そして、「涅槃《ねはん》」を「究竟《くきょう》」している、となります。

早速「無罣礙」と、さっきやったやつが出てきました。ということは、「無罣礙故」は、「心に妨げがないから」ですね。ほらね、めっちゃ楽ちんでしょ。

そして、「恐怖」が「有」るということが「無」い、と言っています。こんなもん、そのままですよね。「恐怖がない」とか「恐れることがない」ですね。ほらね、めちゃくちゃ楽ちんでしょ。もし漢文のテストで、「無有恐怖」のところを日本語に直しなさい、という問題が出たら、楽勝ですよね。誰が、「有恐が無くなると怖になる」なんて訳すんでしょうかね。誰でも分かりますよね。誰でも、「恐怖の館が有ると思ってたら無かった」と訳しますよね。ホラースポットに行こうとなって車で出かけて、結局見つからんかったこととかありますもんね。しかし、「菩薩」は、「恐れることがない」ので、ホラースポットに行っても、全然怖くないんやと思います。

また「菩薩」は、「一切」の「顛倒夢想」から「遠」く「離」れているそうです。

ここでちょっと分かりにくいのは、「顚倒夢想」ですね。でも、こういう時の楽な訳し方を、河合塾大阪南校の英語の先生に教えてもらったことがあります。

説明すると、この場合「菩薩」というのは、すごい人、偉い人、なんせプラスの人だというのが分かってるんです。そして、プラスの人が遠く離れているものになれば、それは、マイナスのものに違いないんです。ですから、「顚倒夢想」は、マイナスイメージのものなんです。マイナスイメージとは、例えば「失敗」とか、「病気」とか、「くさいうんこ」とかです。ここでは「顚倒夢想」の四字から、想像できるマイナスイメージのものを考えてみましょう。

まず「顚」は難しいからほっときましょう。次の「倒」は、倒れることですよね。マイナスイメージの「倒れる」といったら、「こける」みたいな感じだと思います。「夢」は、寝てる場合ではないので、将来願望の方の意味でしょうね。そのマイナスイメージといえば、とにかく「あかん願望」だと思います。最後の「想」は、想像することですよね。そしてそのマイナスイメージといえば、とにかく「あかん想像」ですよね。これらをだいたい合わせてみると、「こけた、あかん願望や想像」ですね。これは何となく、「だめな妄想」といった感じですね。では「顚倒夢想」は「だめな妄想」にしましょう。こういった按配で分からん単語は訳したらええ、と教え

涅槃

てもらいました。そして、その「一切」の「だめな妄想」から「遠」く「離」れているわけですね。ということは、「一切だめな妄想をしない」ということですね。

そして、「涅槃《ねはん》」を「究竟《くきょう》」しているわけですが、やっと出てきました。「涅槃」です。この世に存在する二字熟語で、一番好きなやつです。「涅槃」か「刹那《せつな》」で迷ってたんですが、やっぱり「涅槃」が一位です。二位が「刹那」です。吉本興業の芸人プロフィールを見てもらったら、好きな言葉のところに、「涅槃」と書いてあると思います。社員さんに聞かれた時、そう答えました。このかっこいい「涅槃」の意味はといいますと、「煩悩を滅ぼし尽くした悟りの境地。仏教の最終的な理想」とまた、意味もかっこいいんです。

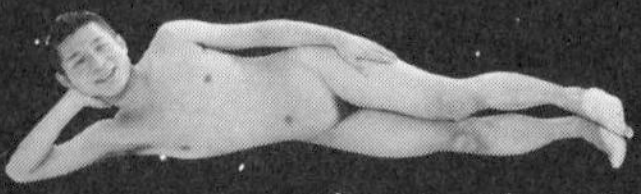

仏教はつまり、この「涅槃」を目指しましょう、という宗教なんです。もっと簡単に言うと、心が安らかな状態であり続けることを目指しましょう、という宗教なんです。花火大会で行列が出来た仮設トイレに並んでいて、二十分ほど待ってやっと

おしっこが出来た時の安らかな状態を、ずっと続けれるようにしようという宗教

だと思うんです。

その「涅槃」を「究竟」しているわけですが、「究竟」は、「究極」にそっくりですよね。そっくりだから同じ意味です。極めているんです。どのラーメン屋でも行ったことがあって、全部味を覚えているやつに対して、「お前ラーメン極めてるなあ」と言うのと同じです。学年で一番ペン回しの上手《うま》いやつに対して、「お前極めてるなあ」と言うのと同じです。「涅槃」を「極めている」んです。「菩薩」が、すごい境地にいることが分かりましたね。

よってこの二十文字は、「**心に妨げがないから、恐れることがなく、一切だめな妄想をせず、心が安らかな状態を極めている**」となります。

三《さん》世《ぜ》諸《しょ》仏《ぶつ》
依《え》般《はん》若《にゃ》波《は》羅《ら》
蜜《みっ》多《た》

写真協力：東宝

故《こ》
得《とく》阿《あ》耨《のく》多《た》羅《ら》
三《さん》藐《みゃく》三《さん》菩《ぼ》提《だい》

何言うてんねん。
レインボーマン

この上なく正しい悟り

では次は二十二文字見てみましょう。「三世《さんぜ》」の「諸仏《しょぶつ》」は、「依《よ》」る、何にか、「般若波羅蜜多《はんにゃはらみった》」に。それ「故」に、「得」る、何をか、「阿耨多羅三藐三菩提《あのくたらさんみゃくさんぼだい》」を、です。

最初の「三世」とは、ルパン三世のことを表しているわけがないんです。これをルパン三世だと思ったら、完全にあほなんです。この「三世」とは、フランス国王フィリップ三世のことを表しているわけがないんです。でもこれをフィリップ三世だと思ったら、まだましなんです。この「三世」とは、フィリップ三百六十三世のことを表していると思った方も多いかと思われますが、実は違うんです。「三つの世界」のことを表しているんです。その「三つの世界」とは、フィリップ三世がいた「過去」、そして、ルパン三世のDVDが購入できる「現在」、そして、フィリップ三百六十三世が出てくるかもしれない「未来」のことなんです。「過去」「現在」「未来」に分けて、「三つの世界」としています。その「三世」にいる「諸仏」ですが、「諸仏」については、「諸」は先述しましたし、「仏」はそのままなんで、説明しません。

そしてまた「依」です。これも、さっき説明したのでもう説明しません。その後の「般若波羅蜜多」も説明しません。「故」も、もちろんしません。そして「得」ですが、「得る」以外考えられません。説明するに値しません。

そしてここで、「阿《あ》耨《のく》多《た》羅《ら》三《さん》藐《みゃく》三《さん》菩《ぼ》提《だい》」という、予想もつかない言葉が出てきました。

これが久しぶりに、サンスクリット語の音写なんです。つまり、ヤンキーの「夜露死苦」みたいなやつです。

般若心経において前に出てきた音写は「般若波羅蜜多」の部分がそうでした。そして、なぜその部分を音写にしたかというと、そこが大事な部分だからだ、という説明もしました。ですから、この「阿耨多羅三藐三菩提」も大事なんです。この読み方は「あーのくたーらーさんみゃくさんぼーだい」です。サンスクリット語で「アヌッタラサンミャクサンボーディ」と言います。ほぼ一緒ですね。完璧な音写だと思います。ちょっと違うやないか、という反論は無視します。無視に値します。

しかしながら、「阿耨多羅三藐三菩提」はかっこいい響きですね。好きな九字熟語は何かと聞かれたら、「阿耨多羅三藐三菩提」か、「男女雇用機会均等法」と答えると思います。どちらかひとつに絞れと言われれば、「男女雇用機会均等法」と答えます。でも、子供は「阿耨多羅三藐三菩提」の方が好きだと思います。子供に教えてあげたら、ずっと言いよるんとちゃうかと思います。なんと、この「子供阿耨多羅三藐三菩提好き現象」に、先に着目していた媒体がありました。それは、ちょっと前にテレビでやってた、子供向け番組の『愛の戦士 レインボーマン』（NET系）です。その中で、レインボーマンが変身する時に、「阿耨多羅三藐三菩提」と唱えてたらしいんです。絶対子供の間でブームになってたと思います。では、レインボーマンはどういう意味の言葉で変身してたんでしょうか。「阿耨多羅三藐三菩提」は、

「阿耨多羅」と「三藐」と「三菩提」に分けられます。「阿耨多羅」、サンスクリット語のアヌッタラは、「この上ない」という意味で、「三藐」、サンスクリット語のサンミャクは、「正しい」という意味で、「三菩提」、サンスクリット語のサンボーディは、「悟り」という意味らしいです。よってレインボーマンは、「この上なく正しい悟り」と言って変身していたんです。何言うとんねん、ですね。

するとこの二十二文字は、「**過去、現在、未来にいる菩薩達は、知恵の完成をよりどころにしているから、この上なく正しい悟りを得た**」となります。

故《こ》知《ち》

般《はん》若《にゃ》波《は》羅《ら》蜜《みっ》多《た》

是《ぜ》大《だい》神《じん》呪《しゅ》

是《ぜ》大《だい》明《みょう》呪《しゅ》
是《ぜ》無《む》上《じょう》呪《しゅ》
是《ぜ》無《む》等《とう》等《どう》呪《しゅ》

誉めまくる感じ

世間一般とは違う意味の「神」

さて、終盤にさしかかってきました。「故」に「知」るべきだ。「般若波羅蜜多《はんにゃはらみった》」が「是《ぜ》」「大神呪《だいじんしゅ》」だと、「是《ぜ》」「大明呪《だいみょうしゅ》」だと、「是《ぜ》」「無上呪《むじょうしゅ》」だと、「是《ぜ》」「無《む》等等呪《とうどうしゅ》」だと、という二十五文字をやりましょう。

今までずっと、「般若波羅蜜多」つまり、「知恵の完成」を成し遂げるための説明と、成し遂げた後の効力について言われていました。今からは、伽藍《がらん》と変わって、「般若波羅蜜多」を誉めまくる感じになります。布団圧縮袋のテレビショッピングでのセリフに例えると、「後はここから掃除機で吸えば」とか、「今まであふれかえっていた押し入れもこんなに」とかが今までのところで、「えええ、さらに三枚も付いてたったの九千八百円ですか」が今からのところです。

まず、「故」に「知」るべきだ、は説明しないとして、何を知るべきなのかを説明したいと思います。それは簡単に言うと、「般若波羅蜜多」がどんだけ素晴らしいかを知るべきだ、ということです。そして、どのような素晴らしさなのか、というのが、「是」の後の四つです。ここでの「是」つまり「これ」は、「般若波羅蜜多」を指しています。ですから、「般若波羅蜜多」が「大神呪」だ、「般若波羅蜜多」が「大明呪」だ、「般若波羅蜜多」が「無上呪」だ、「般若波羅蜜多」が「無等等呪」だと言ってるわけです。

ここで、気になる点が二点出てきました。

「神」が入ってる点と「呪」が入ってる点です。

まず「神」ですが、仏教は神なき宗教だということは、ずっと前に説明しました。ですからここでの「神」は、世間一般で使われる「神」とは意味が違うことになります。では、これは何を表しているんでしょうか。もしかしたら、これが最後の漢和辞典になるかもしれません。「神」は形容詞的な働きをする時、「不思議ではかり知れないさま」「この上なく聡明なさま」という意味になるそうです。おそらく、今のが最後の漢和辞典になると思います。せっかく高いお金を出して購入した漢和辞典を、もう使うことはないんだと思うと、寂しい気持ちになります。

そして「呪」なんですが、ここで急に「呪《のろ》い」を意味する言葉が出てくるわけありません。では「呪」は、どういう意味なんでしょうか。漢和辞典で調べてみます。「呪」は「真言《しんごん》」だと書いてあります。では、「真言」も漢和辞典で調べてみましょう。「真言」は、「呪文」「仏、菩薩の本願を示す、奥深い教え」と書いてあります。今、般若心経を呪文としない観点に立っているので、後者の方を採用します。しかも長いから簡単に、「教え」と訳します。

となると「大神呪」は、「大いなるはかり知れない教え」となりました。

次の「大明呪」の「明」は、前に出てきた「無明」の「無」が無いバージョンです。「無明」は「真実が分からない」と訳しました。ですから「明」は、「真実が分かる」、つまりかっこよく言うと「悟る」です。

「無上」は見たまんまですよね。

「無等等」は「等しいものがないに等しい」です。

するとこの二十五文字は、「**だから知るべきだ。知恵の完成は、大いなるはかり知れない教えであり、大いなる悟りの教えであり、この上ない教えであり、等しいものがないに等しい教えである**」となります。

能《のう》除《じょ》一切《いっさい》苦《く》

真《しん》実《じつ》不《ふ》虚《こ》

「慈悲」の心の作り方

自分も他人も草木もゴミも、全部繫がっている

では、「一切《いっさい》」の「苦《く》」を「能」、「除《のぞ》」く。「真実《しんじつ》」であり、「不虚《ふこ》」である、という九文字にいきましょう。

この部分は、あともうちょっとだけ「般若波羅蜜多」を誉めてます。

しかしみなさん、ここにきて教科書漢文色が強くなってきました。よく試験に出る、助動詞の「能」があります。助動詞の「能」は、「する能力がある」という意味で、あっさりさせると「できる」という意味になります。英語の「can」と同じです。「除」は「取り除く」みたいな感じです。よって「能除一切苦《のうじょいっさいく》」は、「一切の苦を取り除くことができる」となります。もちろん「般若波羅蜜多」のことを言ってます。その後の「真実」も「不虚」もそうです。「不虚」は「偽りのない」みたいな感じです。

ですからこの部分は、**「知恵の完成は、一切の苦を取り除くことができ、これこそ真実であり、偽りがない」**となります。

今さらですが、「知恵の完成」の「知恵」とは、国語数学理科社会英語などの「知恵」と違います。簡単に言うと、「空」の概念を知ることが「知恵」です。つまり、この世に真に実在するものはないことを完璧に理解しろ、と言ってるんです。

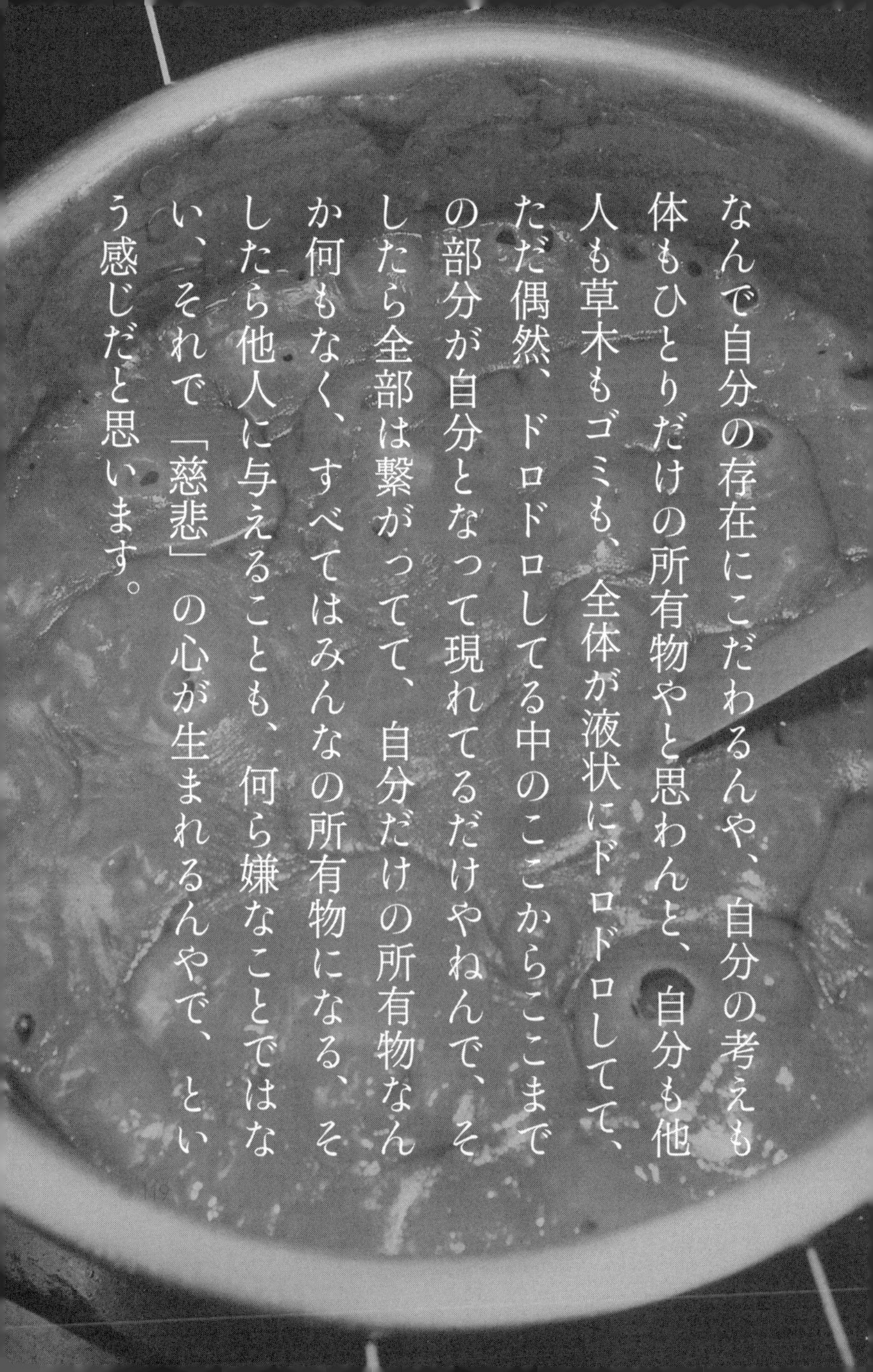

なんで自分の存在にこだわるんや、自分の考えも体もひとりだけの所有物やと思わんと、自分も他人も草木もゴミも、全体が液状にドロドロしてて、ただ偶然、ドロドロしてる中のここからここまでの部分が自分となって現れてるだけやねんで、そしたら全部は繋がってて、自分だけの所有物なんか何もなく、すべてはみんなの所有物になる、そしたら他人に与えることも、何ら嫌なことではない、それで「慈悲」の心が生まれるんやで、という感じだと思います。

故《こ》説《せつ》般《はん》若《にゃ》波《は》羅《ら》蜜《みっ》多《た》呪《しゅ》

即《そく》説《せつ》呪《しゅ》曰《わつ》

クライマックスでは「応援」が世の摂理

観自在菩薩からの応援歌

そして次の十三文字です。「故《ゆえ》」に「般若波羅蜜多《はんにゃはらみった》」という「呪《しゅ》」を「説《と》」く。「即《すなわ》」ち「呪《しゅ》」を「説《と》」いて「曰《いわ》」く、です。

前半は何も説明する必要はありませんね。そのまま、**「だから知恵の完成という教えを説くのだ」**ですね。なんだか、この一文で終わっても良さそうですよね。さんざん「知恵の完成」がいいと言った後の、締めくくりっぽいですもんね。これを言い終わって、観自在菩薩が、ヘルメットを被《かぶ》り、バイクにまたがって、上げていたヘルメットの前のカバーを下ろし、街の雑踏に消えていきそうですもんね。

でも、もうちょっとあります。

次の言葉に注目してください。「即説呪曰《そくせつしゅわつ》」です。「即ち呪を説いて曰く」です。こんなところで、「子曰く」の「曰く」が出てきました。「子曰く」の訳は「先生はこう言った」でしたね。そして「曰く」の後に、大事な先生のセリフがありましたよね。ですから、「曰く」自体は先生の発言ではないわけです。でも、般若心経では、「曰く」も先生である観自在菩薩のセリフなんです。だから般若心経での「曰く」は、「観自在菩薩がこう言った」ではなく「観自在菩薩がこう言おう」というニュアンスになります。

その前の「即」はだいぶ前に説明したので、もうしません。ここにきて「即」の説明など、うんこブリブリなんです。

となると訳は、「つまり、教えを説いてこう言おう」です。

ちょっとおかしいですね。今までずっといいことを言ってたのに、今からまた何か言おうとしてます。これは、最後の最後で、めっちゃいいことを言おうとしているんです。

受験当日、試験会場に行くと、めちゃくちゃスパルタやった数学の先生が、門の所に立っていました。その先生が、今から試験する者に向かって、「Xの二乗プラスYイコール10でYイコール1の時、Xイコールプラスマイナス3やで」と言うでしょうか。言うてたらあほなんです。絶対「がんばれよ」みたいなニュアンスのことを言ってくれますよね。クライマックスでは、「応援」が世の摂理なんです。

観自在菩薩は、今から応援の言葉を言うてくれるんです。それが、「こう言おう」の後の一文です。観自在菩薩は、ヘルメットを被り、バイクにまたがって、上げていたヘルメットの前のカバーを下ろし、街の雑踏に消えていく前に、応援歌を歌ってくれるんです。

ヘルメットを被らずに応援歌を歌ったらいいけど、ヘルメットを被ったまま、しかも前のカバーを下ろしたまま応援歌を歌ったら、前のカバーが曇って曇って、ということなど、議論するに値しないんです。

では、観自在菩薩は、クライマックスにおいて、なんと応援してくれたんでしょうか。般若心経は、その言葉で締めくくるかたちになります。

PARK
本館

羯《ぎゃ》諦《てい》　羯《ぎゃ》諦《てい》

波《は》羅《ら》羯《ぎゃ》諦《てい》

波《は》羅《ら》僧《そう》羯《ぎゃ》諦《てい》

菩《ぼ》提《じ》薩《そ》婆《わ》訶《か》
般《はん》若《にゃ》心《しん》経《ぎょう》

ガンバッテー

すなわち、「羯諦《ぎゃてい》羯諦《ぎゃてい》波羅《はら》羯諦《ぎゃてい》波羅《はら》僧《そう》羯諦《ぎゃてい》菩提《ぼじ》薩婆訶《そわか》」です。全然意味分かりませんよね。これも、サンスクリット語の音写なんです。サンスクリット語で、「ガテーガテーパーラガテーパーラサンガテーボーディスヴァーハー」と言います。意味は、「ガンバッテーガンバッテー」ではないらしく、「往《い》ける者よ往《い》ける者よ彼岸に往ける者よ彼岸に全く往ける者よ悟りよ幸あれ」などになるらしいんですが、なんのことやねん、となるんで、個人的に「ガンバッテー」みたいな感じでいいと思います。

個人的に「**がんばってがんばってよくがんばってまさによくがんばって悟れよ幸あれ**」だと思います。

最後に「般若心経」と付いてますが、「**以上が般若心経の教え**」みたいなことです。

若心経そのものと、自らにも実体がないということを教えてくれてるのかもしれません。

更に、333メートルを使うと、3＋3＋3＝9つまり「苦」です。また仏教で大切な言葉になりました。

そして更に、262文字を使うと、2＋6＋2＝10つまり「とう」つまり「塔」です。東京タワーはもちろん塔なんです。

ここで「羯諦《ぎゃてい》羯諦《ぎゃてい》波《は》羅《ら》羯諦《ぎゃてい》波《は》羅《ら》僧《そう》羯諦《ぎゃてい》菩《ぼ》提《じ》薩《そ》婆《わ》訶《か》」を考えてみましょう。般若心経でものすごく大事なこの部分は、エールだと説明しました。この部分の文字数を数えてみると、18文字です。漢字で書くと「十八」です。さて「塔」の字ですが、東京タワーは土の塔ではないので「塔」の字から「土」をとって「荅」、「荅」の下に横向きの「10」がありますが、これはもう用が無いのでここを先程の「十八」に代えてみましょう。すると「茶」になりました。みなさん「茶」になりました。「茶」になったからなんやねん無茶苦茶やないか、と怒られそうなんですが、東京タワーと般若心経の因縁を使ったら、「無茶苦茶」になりました。

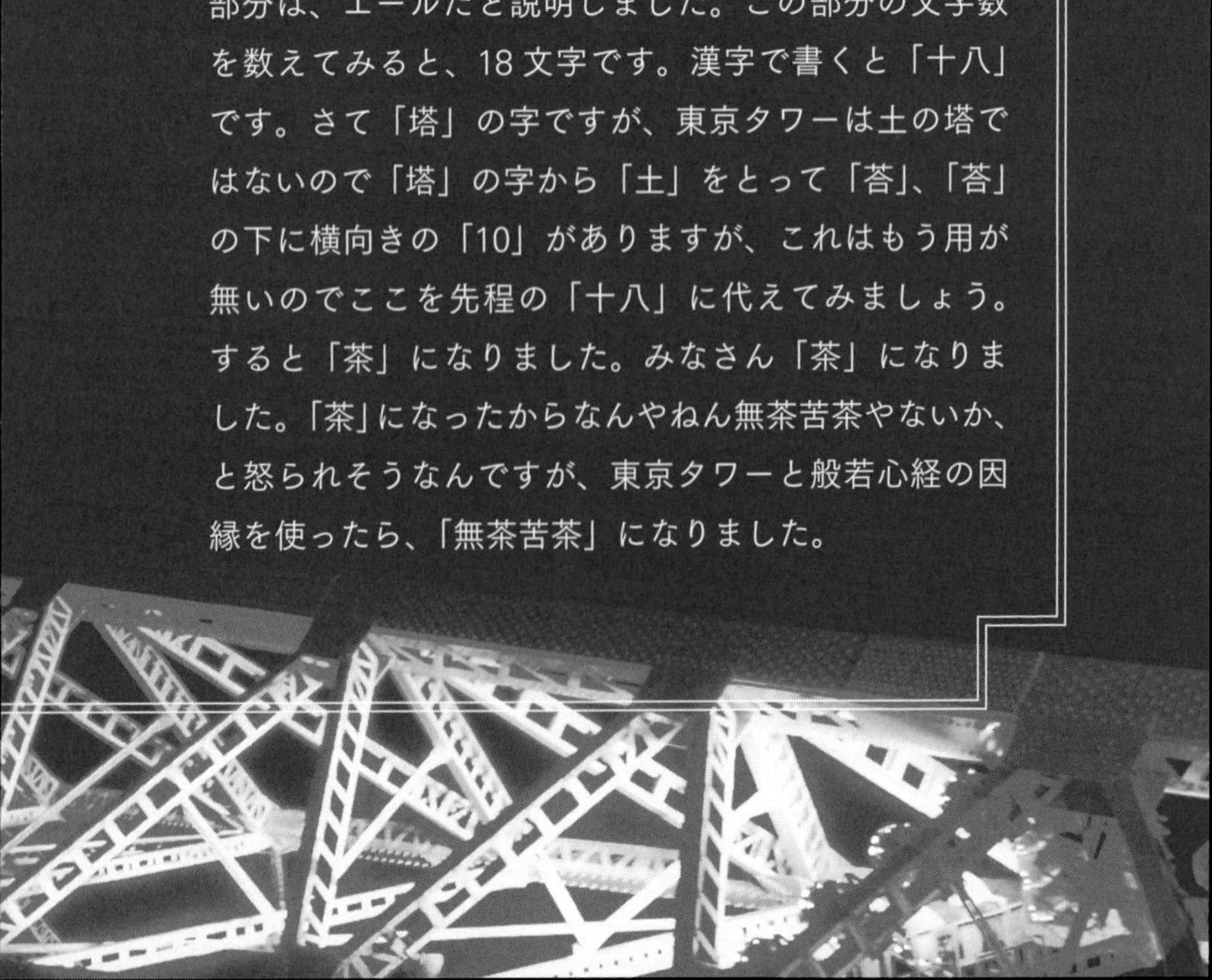

般若心経
ひと言コラム❻

東京タワー

中学校の修学旅行で初めて東京に行って、初めて東京タワーを目にしました。
東京タワーの高さは 333 メートル、般若心経の文字数は 262 文字です。333 − 262 = 71 です。71、つまり「ない」です。般若心経にやたら出てくる「無」ではありませんか。般若心経での「無」は「実体がない」という意味でした。これは東京タワーが全身を使って、般

笑い飯哲夫訳

般若心経

それではみなさん、
全部訳し終わったところで、
もう一度最初から続けて
訳を見てみましょう。

観自在菩薩という人が、知恵を完成させるすごい修行をしていた時、この世の認識できるもの、感受、イメージ、意思、知識、という五つの要素はみんな実体がない、ということがちゃんと分かって、すべての苦しみから解放された。

観自在菩薩は言った。

「シャーリプトラよ、物質的現象は実体のないことに他ならないのであり、実体がないということは、物質的現象に他ならない、また、物質的現象は、それがそのまま実体のないものであり、実体がないものは、それがそのまま物質的現象であるのだ。感受、イメージ、意思、知識といった脳内作用もまた、物質的現象であり、実体がない。

シャーリプトラよ、この宇宙に存在する一切の事物や現象には実体がない。

生まれることもなければ滅することもなく、汚れることもなければ綺麗になることもなく、増えることもなければ、減ることもない。

だから、この宇宙に存在する一切の事物や現象には実体がないという状態において、物質的現象もなければ、感受、イメージ、意思、知識もない。目も耳も鼻も舌も身も心もなく、それぞれに対応する、見えるものも、声も、匂いも、味も、感触も、心で感じるものもない。見えている世界から心の世界まで、まったくない。真実が分からないということもなく、真実が分からないということがなくなることもなく、老いることも死ぬこともなく、老いることと死ぬことがなくなることもない。

苦も、苦の原因も、苦がなくなることも、苦をなくす方法もなく、知ることも、また得ることもない。なぜなら、得る対象となるものがないからだ。

菩薩達は知恵の完成をよりどころにしているので、心に妨げがない。心に妨げがないから、恐れることがなく、一切だめな妄想をせず、心が安らかな状態を極めている。

過去、現在、未来にいる菩薩達は、知恵の完成をよりどころにしているから、この上なく正しい悟りを得た。だから知るべきである。

知恵の完成は、大いなるはかり知れない教えであり、大いなる悟りの教えであり、この上ない教えであり、等しいものがないに等しい教えである。また、一切の苦を取り除くことができ、これこそ真実であり、偽りがない。だから知恵の完成という教えを説くのだ。

教えを説いてこう言おう。

がんばって、がんばって、よくがんばって、まさによくがんばって、悟れよ、幸あれ。

以上が般若心経の教えである」

仏陀は用事をしながら、この観自在菩薩の話を聞いていたみたいで、観自在菩薩が話し終わると、こう言ったそうです。

「せやで」

みなさん、これで答えが分かったと思います。なぜ仏壇に向かって般若心経を唱えるんやろ、という疑問の答えです。死んでないからです。かといって、生まれてもないからです。死んでないねんで、生まれてないねんで、何もなかったんやから、何も気にせんと安らかでおってな、今、般若心経を唱えてる自分も、唱えてるのを聞いてる人らも、ご先祖さんも、みんな一緒やで、みんなないねんで、安心してや、という気持ちを込めて唱えてるんやなあ、と分かったんです。

そして、分かったことによって脳に蓄積された、なるほどという知識もないんやなあ、と分かったんです。そう分かったこともないのか、と思ったんです。全部、現象として現れているだけのもんなんやと感じたんです。

すると、すべては流動的であり、ご先祖さんも、自分も、うんこも、好きな人も、嫌いなやつも、プールの更衣室に落ちてあったバンドエイドのゴミも、全部ひとつの大きなドロっとした液状のかたまりで、ちょっとした原因で、それぞれの形に現れているだけなんやなあと思ったんです。

となると、全部が自分であり、自分は全部の一部なんやと感じたんです。だから、人を傷つけることは自分を傷つけることであり、自分を傷つけることは人を傷つけることになるんやなあと思ったんです。だから、盗まんと、あげやなあかんのです。酔わせて無理矢理やったらあかんのです。

「宿題をやってないのではありません。やってはあるのですが、やったものを持って来るのを忘れただけです」などと、うそをついたらあかんのです。

「なぜ持って来るのを忘れたのかというと、いつもはお母さんが荷物を入れてくれるのですが、今日に限ってお母さんが荷物を入れてくれなかったのです」などと、だらだら言い訳してたらあかんのです。

「あの先生宿題めっちゃ出すやろ。宿題の出し過ぎで死んだらええのに」などと言ったらあかんのです。

「あいつの顔キモいわあ」などと言ったらあかんのです。

ドンペリをこぼしたらあかんのです。

ちょっとぶつかっただけで「おぃ」と怒ったらあかんのです。

間違った考えをしたらあかんのです。

そして絶対に殺したり自殺したらあかんのです。

あと、「慈悲」深い方がおもろいんです。重たい荷物を持ってるおばあちゃんを無視するより、荷物を次から次へと持ってあげて、荷物で山もりになっている見た目の方がおもろいんです。

居酒屋に入って、「おい、はよこの机拭かんかえ」と、店員に怒るより、「この机拭かせて下さい」と言って自分のハンカチでゴシゴシする方がおもろいんです。

机の上を拭き終わった後、机の脚まで拭いたら、よりおもろいんです。

その後、そのハンカチで自分の顔を拭いたら、完璧な「おもろさの完成」なんです。

うんこのついた汚い机を「慈悲」の心で拭きましょう。

この本の印税の半分は、**寄付**します。

なんでかと言うと、ある本に、とてつもない感銘を受けたからなんです。感銘を受けたどころではないんです。もっと上のやつを授かったんです。

その本は、『余命一ヶ月の花嫁』（マガジンハウス）という本です。みんな、あれはすごいと言ってます。読んだ人らみんながそう言ってます。その本にある熱い思いは、みんなに伝わっています。そしてその本の売り上げは、乳がん検診のための基金として寄付されています。そのすばらしいシステム、お願いやから真似さしてください。熱い思いに協力さしてください。

だから、駅前で募金箱を持って「募金してください、お願いします」と言ってる子のテンションで、お金がパンパンに入った箱を持って、こう言います。

「募金させてください、お願いします」

これ、バリおもろいでしょ。

募金箱

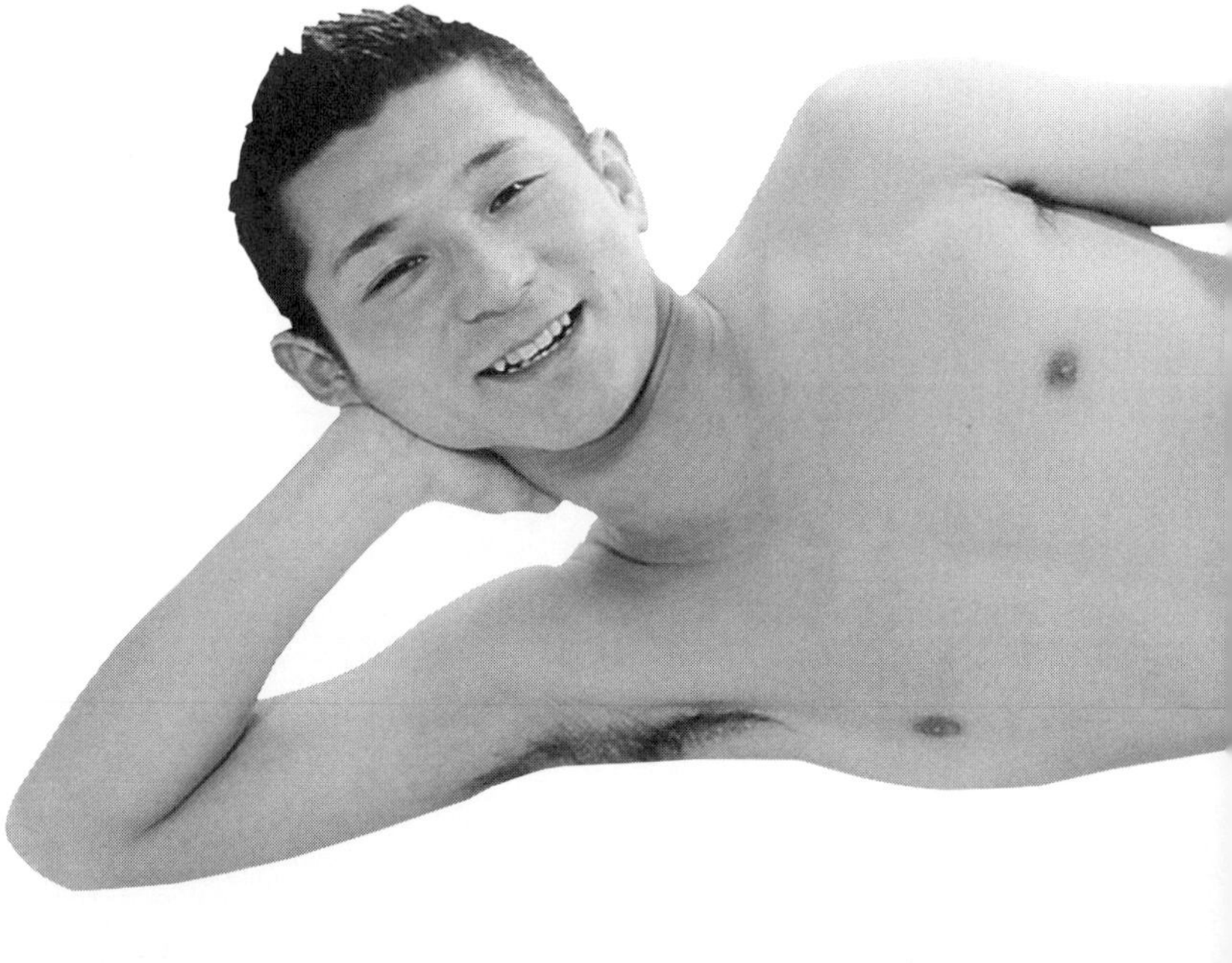

般若心経 人生相談

グレイテスト・ヒッツ

ニートについてどう思いますか？　彼らの「働いたって仕方ない」という考え方も、一種の「諦観」かと思うのですが……。（東京都　U・Nさん　19歳 大学生）

職業にも実体がないという観点から、「働くのも働かないのもどちらも実体がないのだから、働いても仕方ない」と考えてニートになっているなら、般若心経を知ったかぶりして間違った解釈をしていますね。般若心経では、「すべてのものに実体がないから何もすんな」ではなく、すべてのものに実体がないからそれをはよ分かるように、何かをやったり何かをやらんかったりせえ、と言うてる感じだと思います。

また、仏教で言う「諦」はあきらめではなく、真理という意味になります。となると、働いたって仕方ないという考え方が、「諦観」つまり真理を観ているとは考えにくいですね。真理ではなくパソコンのエロ画像を観ていると考えやすいですね。

暗い部屋でスウェットの上下を来てパソコンに向かってる無職の男性に、「働かへんねやったらエロ画像見れへんようにするで。エロ画像は働いて疲れた人へのご褒美やねんで」と急に言ったら、そいつのちんぽが萎え萎えになるんやろなあと思います。それを通して、勃起の実体のなさに気付くんだと思います。そしてそれを通して、エロ画像の実体のなさに気付くんだと思います。そして更に自分自身の実体のなさに気付き、この世の真理を悟り、慈悲心を生じさせ、遂には働き始めるんだと思います。

日本の自殺は毎年三万人以上です。自殺はいけないことでしょうか？（栃木県　T・Oさん　14歳 中学生）

いろんな理由があると思いますが、いじめが原因で自殺を考えている人は、ちょっと立ち止まって、いじめっ子を殺すことを考えましょう。そんなん無理やとなったら、もしかしたらこの先殺されるかもしれへんと考えて、殺人からの防御を勉強し

ましょう。今いじめっ子には、こんなことしてたら殺されるかもしれない、という危機感が欠落しています。殺されるかもしれないという危機感があると、殺してしまうかもしれないという危機感も育つと思います。

また、自殺することで全世界の酸素の消費量を減らして、今生きている人類や未来の人類のことを考えてくれたなら、それは慈悲だと思います。ただ、自殺することで酸素の消費量を減らして人類のことを考えてくれたのに、自殺した所がえげつないことになってて、残された人類に迷惑をかけたなら、その行為は「慈悲」ではなく、その行為は「自費」で処理をお願いします。

しかしながら、この世のすべては繋がっていて、ひとつの流動的な塊であり、自分も他人も一緒だという立場から、自分の一部が自殺したと思うと嫌なんで、自殺はやめてください。スクールウォーズのビデオを見て、ワンフォアオール、オールフォアワンの精神と、岡田奈々の精神を養いましょう。

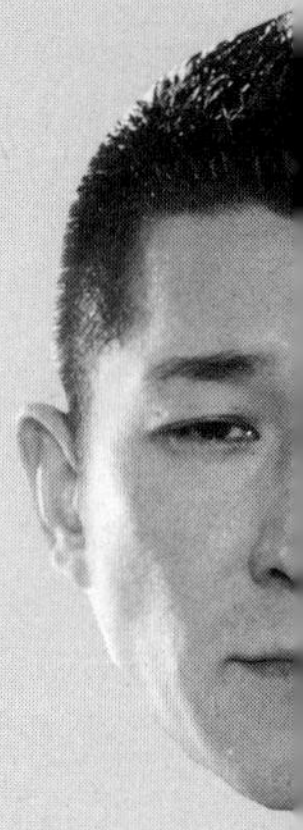

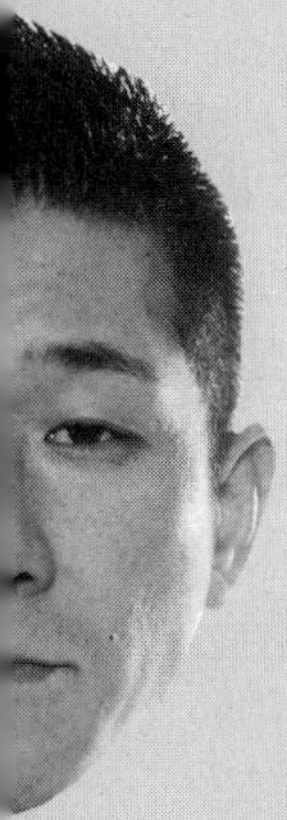

私はいま婚約中で、その相手とエッチしていても、昔の彼女の顔が浮かんできて、どうしても忘れられません。目の前の相手に悪いな、と思ってもどうにもなりません。どうしたらいいでしょう。（兵庫県 Y・Lさん 26歳 会社員）

そんなもんやと思います。

アル中、嘘つき、女たらし、乱暴者。どれがいちばんろくでなしですか？（神奈川県M・Kさん 36歳 自営業）

これらはどれも同じくらい悪いことだと思います。しかしこれらのいくつかは、「我」という「色」と、それ以外の「色」との結び付きで表れた事象です。アル中なら「我」と「アルコール」、女たらしなら「我」と「女」、という風にです。これらを連帯責任的に考えると、これらに内在する悪は、我とそれ以外のものに分散され、「我」における悪の分量はちょっと少なくなりますね。それに比べて嘘つきは、「我」と「我から出た嘘」との結び付きです。結局「我」と「我」の一部の結び付きで、ただの「我」ですね。乱暴者にしても、武器を持っていたら、「我」と「武器」の結び付きになりますが、武器を持っていないなら、「我」と「我から出た凶暴性」との結び付きになり、結局「我」ということになります。これを悪の分散の観点から考えると、嘘つきと武器を持っていない乱暴者は、「我」以外に悪を分散させるものがないので、他に比べて「我」における悪の分量が多くなります。ですので、嘘つきと武器を持っていない乱暴者が、他に比べてろくでなしということになりますね。

でも、女たらしもきついなあ。て言うとかな女の子に嫌われるなあ。嫌われて、やらしてもらえへんようになったら嫌やなあ。

古くからの親友に五十万円貸したら音信不通に。カネよりも、たった五十万で切れる友情だったのかよ、と残念でなりません。（三重県　T・Nさん　43歳 会社員）

因縁により、五十万円はいつか返ってきます。涅槃の境地で金を貸すと、金を貸すという感覚はなく、ちょっと新しい口座を作ったからそっちになんぼか入れとこ、みたいな感覚になると思います。

こういった般若心経における菩薩的な感覚は、日本における累進課税制度に反映されているんだと思います。お金持ちの人が、税金という形でたくさんお金を手放してくれているんです。貧乏な人より、いっぱい手放してくれているんです。お金持ちの人が手放してくれた多額のお金が、あの便利な歩道橋や、あの座りやすい公園のベンチの設置に役立っているんです。みんなで多額納税者に感謝しましょう。

多額納税者が、「般若波羅蜜多」のとこを「だいぶはろたった」と唱えれば、あほみたいやなあ。

地球規模の温暖化が気になります。が、自分が死ぬまでは大丈夫だからいいや、とも思います。哲夫さんはいかがですか。（千葉県　A・Kさん　17歳 高校生）

このメカニズムを意外と知らん人が多いんですよね。オゾン層の破壊とごっちゃにしてる人も多いんですよね。オゾン層の破壊の原因は、スプレーなどに使われるフロンガスで、オゾン層が破壊された結果は温暖化になるんではなく、人間に有害な紫外線が地球上に入ってくるということなんです。そして、温暖化の原因は二酸化炭素やメタンガスなんです。

ちなみに、温暖化は絶対嫌です。みなさんも温暖化は嫌った方がいいです。この世のものはすべて「色」であって「諸行無常」であるから、かたちも何もかも一定でないことを悟るべきなんでしょうが、温度のことなんか聞いてないんです。暑いのは嫌なんです。だから二酸化炭素を減らす、木を植えまくりましょう。さもないと、勝手にてっぺんまで木の生えた、気持ち悪い富士山を見ることになるんです。それは「無有恐怖」ではなく、ただの「恐怖」です。みんなで快適な「空」を保ちましょう。

街頭でボランティアをしてる人をみると、「ケッ、偽善者め」と思ってしまうのは、人としておかしいでしょうか？（東京都　H・Sさん　26歳 フリーター）

全然おかしくないと思います。ボランティアをしてる人は偽善者です。偽善者であり、善人です。ですから、善人に対して、「この善人やろうが」と思ってるわけです。羨ましさの健全な表れだと思います。偽善が究極までいって、かっこつけるために地球を守って死んだとなれば、それは救世主の域に入りますよね。全員が偽善者になればいいと思います。もっと偽善者が増えたらいいのになあ。

あと、女の偽善者にマッサージしてもらいたいなあ。慈悲でマッサージしてもらいたいなあ。でもやっぱり、手っ取り早いマッサージは、店なんやろうなあ。自費

でマッサージしてもらおうかなぁ。

浮気して妻を裏切ること、連絡を絶って親不幸すること、出世のために同僚のことを上司にチクること、どれがいちばん深い罪ですか？（京都府　K・Tさん36歳（会社員））

さっきの親友のやり方で考えると、つまり「我」と「何か」の結び付きで考えると、本人への比重が高いのは、連絡を絶って親不孝することだと思います。連絡絶ってるから、一人だけですもんね。連絡取ってたら、もうちょっとましやったのになあ。連絡取ってたら、「我」と「親」で分散できたのになあ。でも冷静に考えると、「れんらくとってたらなんにもあかんことない」ですね。あれ、「とくあのくたらさんみゃくさんぼだい」に響きがそっくりですね。

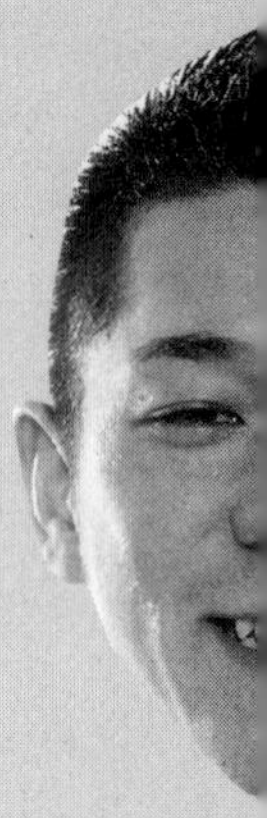

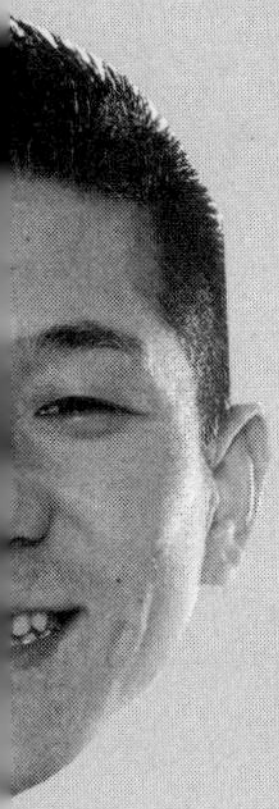

二人の女性を同時に好きになってしまったのですが、どうしたらいいでしょうか？（札幌市　N・Tさん　26歳会社員）

すぐやらしてくれる方の子を選んでください。

おカネは人生で何番目くらいに大事なものですか。（高知県　T・Yさん　28歳　会社員）

般若心経には、金という文字も金へんの文字も全然出てこないんです。出すまでもないんでしょうか。確かに、お金はもっとも実体のないものかもしれません。

個人的には、浪花節感を出すために「お金が一番大事」としたいところなんですが、ここは九十年代感を出して「それが一番大事」としましょう。それが一番大事となった場合、お金は何番目に大事かどうかなんか分かりません。まったく分からないんです。大事マンブラザーズバンドはどれくらい金儲けしたのかも、まったく分からないんです。分かっているのは、大事マンブラザーズバンドの人が、般若心経に引けを取らないくらい、いいことを言ってたということです。

最近、若ハゲとプチメタボに悩んでますが進行を止められません。（新潟県　K・Oさん　43歳　自営業）

この二つは、諸行無常を実感するのにもっとも有効な事例ですね。諸行無常とは、ずっと一定のものはない、という意味なので、つるつるにハゲてもつるつるで止まることはなく、最大メタボリック体型も最大メタボリック体型で止まることはないので、安心ですね。

髪の毛も体重もまた、「不増不減」ですね。もしかしたら、つるつるハゲで最大

メタボリック体型の人は、みんなにとって「能除一切苦」なのかもしれません。

親友の彼女を好きになって気が狂いそうです。どうしたらいいでしょう。（岡山県　D・Sさん　23歳 大学生）

ちんちんをへその穴に突っ込んで、二度と出てこないようにしましょう。

食欲も欲である限り、金銭欲や物欲や出世欲と同じくらい醜いものですか？（青森県　A・Fさん24歳 主婦）

仏陀によると、苦行でもなく快楽でもない中道が最良らしいので、断食でもなく贅沢食いでもない、正しく腹を満たす程度の食欲は、いいことなんだと思います。

ですから、マクドナルドのモーニングメニューである、あのめちゃくちゃうまいハッシュドポテトを、うまいからといって毎日食べるのは、醜い欲なんだと思います。

こう考えると、正しく性欲を満たす程度のオナニーは、いいことなんだと思います。金八先生もそう言ってました。金八先生こそ、菩薩先生なんです。また、気持ちいいからといって、一日三回ペースでやるのは醜い欲だと思います。金八先生もそんなにやらないと思います。いくら金玉が八つあっても、醜いからやらないと思います。

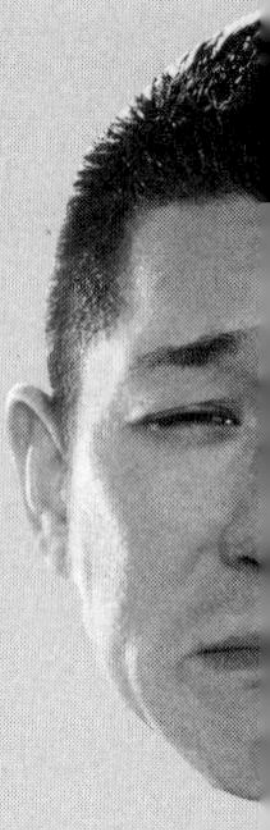

えてこでもわかる 笑い飯 哲夫訳 般若心経
2009年 2月23日　初版発行
2024年11月 8 日　14刷発行

著者　笑い飯 哲夫
発行人　藤原 寛
編集人　新井 治
企画・構成・編集　小倉 崇（インクプレス）
編集　清田麻衣子

発行　ヨシモトブックス
〒160-0022
東京都新宿区新宿 5-18-21
電話　03-3209-8291

発売　株式会社ワニブックス
〒150-8482
東京都渋谷区恵比寿4-4-9　えびす大黒ビル
電話　03-5449-2711

印刷・製本　株式会社 光邦

ISBN978-4-8470-1825-1

読者の皆様へ
このたびは、『えてこでもわかる 笑い飯 哲夫訳　般若心経』のご購入ありがとうございました。この本を読んでのご意見・ご感想、著者へのメッセージなどございましたら、ヨシモトブックス読者係（〒160-0022 東京都新宿区新宿5-18-21）までお便りください。「こんな芸人の本が読みたい」といった企画・アイデアもお待ちしております。

度一切苦厄舍利子色不異空空不異色色即是空空
即是色受想行識亦復如是舍利子是諸法空相不生
不滅不垢不浄不増不減是故空中無色無受想行
識無眼耳鼻舌身意無色聲香味觸法無眼界乃
至無意識界無無明亦無無明盡乃至無老死亦無
老死盡無苦集滅道無智亦無得以無所得故菩提薩
埵依般若波羅蜜多故心無罣礙無罣礙故無有恐怖